楽しくきれいに走りたい

マラソン完走BOOK

監修 谷川真理・中島 進

成美堂出版

はじめに

目標を持って走れば、ランニングはどんどん楽しくなる

走り始めたきっかけは、人それぞれ。
けれど一度走り出したならば、
何を目標に走るのかを自分で決める。
走った後の爽快感。
大会で完走したときの満足感。
あるいは季節を感じながら走る、など。
ランニングの魅力は多彩！
大袈裟《おおげさ》にいえば、

「いつ・どこでも・誰でも」……。
Tシャツにランパン、
シューズがあれば手軽に楽しめる。
走るために必要なことといえば、
走れる時間をつくることだ。
ランニングは、はじめようと思った
その日からすぐに取り組める。
けれども、実に奥が深いスポーツだ。

Contents

Part1
フォームの完成
理想の走りをマスターする

Part2

ウォーキング

2週間で30分間歩けるカラダになろう

Contents

Part3

ジョギング

2ヶ月で60分間走れるカラダになろう

Part 4

トレーニング
思い切り走るためのカラダづくり

Contents

Part5

42・195㎞に挑戦
目指せ完走！

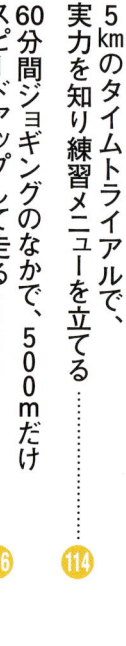

Part 6
しっかり食べてしっかり走ろう
ランナーの常識

目指せ マラソン完走！ Opening

最終目標は、42.195kmを自分の足で4時間以内に走りたい

「歩く」の延長線上に「走る」がある

「走る」ということは「歩く」より速くなることだ。さらに「走る」を二分すると、「一瞬速く走る（短距離走）」と「一定距離を速く走る（長距離走）」に分けられる。ある一定距離を速く走るためには、酸素を効率よく取り込み筋肉まで運ぶ機能、エネルギーを効率よく消費できる「フォーム」、それらを補助する骨格と筋力になる。

脳に「走る」ための回路をつくろう

さらに、ランナーにとって無視できないのが脳の働き。「フォーム」「心肺機能」「筋力」を鍛え、脳に速く走るための回路を構築しよう。右利きの人が左手で文字を書けないのは、ボールペン1本を持つ筋力は十分あっても「文字を書く」回路が発達していないから。しかし、左手でも練習すれば、脳に回路が構築され「文字を書く」ことができるようになる。「走る」ことも「書く」ことと同じ。どんな立派な足の筋肉があっても、速く走る回路が脳になければ、速く走ることはできないのだ。

たとえ何歳になっても、自分の持てる力を100%出し切ろう

谷川真理

「大会で走る」に目標をおき、自分の限界に挑戦

走ったあと、カラダに残る疲労感は心地良い。汗をいっぱいかいた後のご飯は、美味しくなるし、太ることを心配しないで、たくさん食べられる。忙しい日常生活につきもののストレスも解消できる。

はじめた時期や年齢、きっかけは様々であれ、一生の内の何割かの時間を走ることに割いている方は大勢いる。

実際、走りはじめた人の指向も様々。健康やダイエットを考えランニングを続けているフィットネスランナーもいれば、「大会でマラソンを走る」ことに目標をおき、自分の限界に挑戦しているシリアスランナーだって大勢いる。

世界で1番を目指してトレーニングを続けるオリンピック選手から、ホノルルマラソンでタイムにこだわらず完走を目指して走る方まで、そのときの自分に合ったレースそのものを楽しんでいるのだ。

何を求めて走るかは、最後は自分で決める

どうせ走るなら、一生懸命走った方が楽しいはず。私自身、現役時代にトップランナーと競い合っていた時代も、いま市民大会に招待されてたとえ練習不足であっても、同じように一生懸命に走る。参加しているみんなと、同じ気持ちで走りたいから。「何歳になっても、自分の持てる力を100%出し切ろう……」。スタートラインに立てば、いつも気持ちは同じ。それが私の走る原点だ。

そしてゴールをした瞬間、誰もが感じる達成感は日々の生活では決して味わえないもの。初マラソンを完走したランナーにとっては、忘れられない感動になるはずだ。

ゴールの瞬間の
達成感。
それは日々の生活では
味わえないもの
谷川真理
5507
FINISH

大会を目標にすれば、充実した日々が送れる

意を決して市民大会に初出場！

　その決意もさることながら、42・195㎞の距離に果敢に挑むことは、これからランニングを楽しもうとするうえで重要なポイントになる。

　大会を目標に走ることは、ランナーにとって充実した日々を送るための気持ちの糧となり、今の自分を知り得る最良の手段にもなるだろう。

練習するほど結果がついてくる。それがマラソンの醍醐味

　人それぞれ心の内にある「何かを乗り越えたい」という気持ちが、大会ではゴールの瞬間に現実のものとして味わえる。そのためには、いささか準備が必要になる。

　これから走りはじめようという初心者の方なら、余裕を持って6ヶ月前から練習をはじめよう。

　気が遠くなるような時間に思えるが、ランニングは一生楽しめるスポーツだから、そうとも言い切れないのである。

　ウォーキングからスタートし、ジョギングへ。次第にペースアップをする。そして、徐々に自分の五体を「走れるカラダ」に変えていき、走る時間や距離を伸ばして、持久力をつけていく。

　練習を、やればやっただけ結果がついてくるのが、マラソンの醍醐味だ。

　走る楽しみを味わいたいという方へ、本書では、「42・195㎞を4時間以内に自分の足で走る」を目標に、アドバイスしていく。

Part 1

理想の走りをマスターする

フォームの完成

ランニングフォームは十人十色。
人それぞれ、脚の長さや脚力が違うように、
フォームも様々だといわれているが……。
「走る」に適した、効率の良い「フォーム」というものが
確かに存在する。
その理想のフォームを身につけるために、
ここで紹介する写真やポイントを読み込んで、
イメージアップしていきたい。

見事完走を目指して、バランスのとれた効率の良いフォームを身につけよう

極端にヒザが外側へ向いた「がに股」で走っていると、練習の成果が発揮できない

悪いフォームで走ると、完走はおろか怪我のもと

42・195㎞の道のりを、自分の目標とするタイムを設定して完走するためには、できるだけ自分に合った、効率の良いフォームを身につけておくことが大切となる。

野球のバッティングフォームやテニスのフォームなどと同様で、これはマラソンに限った話ではない。効率の悪い我流のフォームでは、疲れるばかりか速く走ることができず、大会での完走はおろか、故障の原因にもなりかねない。

悪い走り方とは、人によってさまざまだが、言葉で表すなら「バランスがとれていない走り」となるだろう。たとえば腰が落ちていたり、接地時間が長い人（いわゆるベタ足走法の人）や、極端な

自分に合ったフォームは、日頃のトレーニングの中で身につけるもの

理想のランニングフォーム

正面や後ろ、横から撮影しておき、仲間やコーチ、先輩などに見てもらいフォームをチェックしてもらおう。

内股やがに股で走っている人、などである。これらのフォームで長い距離を走ると、練習量に応じた分のパフォーマンスがレース(大会)で100%出し切れない。

そこで、自分のフォームをチェックしよう。できれば、自分で走っているシーンをビデオで撮ってもらい、自分で見るのが1番理解しやすい。

谷川真理流

理想のフォーム

1. 脚の長さなど個人差があるように、理想のフォームが人によって違うのは当然。
2. 自分に合ったフォームは、走りの中で、自然と身につけていていく。
3. バランスが悪いフォームで走り続けると悪いフォームが身についてしまう。
4. 42.195kmを完走するために、バランスのとれたフォームを身につける。

PART 1
フォームの完成

骨盤の動きを意識して走ることができれば、効率の良いフォームに近づく

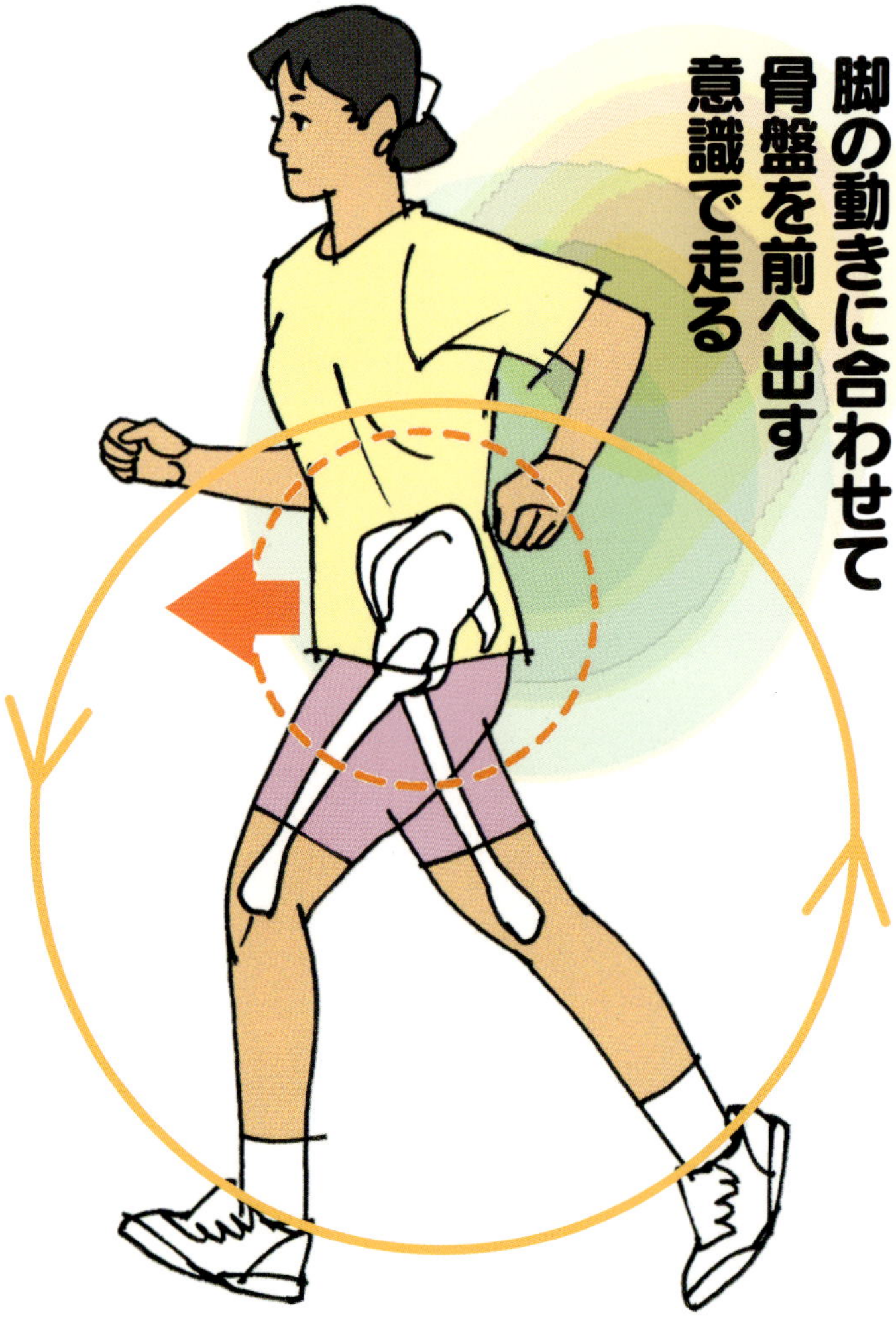
脚の動きに合わせて
骨盤を前へ出す
意識で走る

右脚を蹴り出すときは右腰も前へ出す意識を持つ

　効率の良いランニングフォームを考えたとき、じつは骨盤の動きがポイントになってくる。たしかに「骨盤を意識して走ろう！」などと指摘するコーチは少ないかもしれないが、走りを変える大きな要素を秘める。

　実際、走るときの動きを言葉にすると……上半身を固定して、脚部だけを前後に動かす……と考えている方が多いことだろう。決して間違った話ではないが、効率の良いフォームを目指すとなると、若干イメージを変えていきたい。

　なぜなら脚部だけ動かすイメージで走ると、前へ蹴り出した方の脚が着地をする場面で、重心（カラダ）が接地点（足裏）より後ろになるため、自然とブレー

理想のランニングフォーム

動きのポイント

腕
力まずにリラックスして、リズミカルに腕を振る

腰
右脚を蹴り出すときは、右腰を前へ。左脚を蹴り出すときは、左腰を前へ。脚の動きに合わせて、骨盤も前へ出す動きを意識する

蹴り出した脚
ブレーキをかけるような動きを避けるために、必要以上にストライドを広げないように注意する

足首
着地から踏み蹴りへ。走っている最中の足首は、常に90度を目安に曲げておく

着地の場面
着地した脚には、素早く体重を乗せる。着地は蹴り上げ動作のはじまりだと考える

キをかける動きになってしまうからだ。**そこで、たとえば右脚を前へ蹴り出すときは、同時に右側の腰（骨盤）も前へ動かすように意識していきたい。**

そうすることで脚と腰を一緒にスイングさせる動きになり、無駄のない走り（ブレーキング要素の少ない走り）につながっていく。

PART 1 フォームの完成

自動車のタイヤの先にシューズがあり、円を描くようなイメージの脚の動き

途切れのない一連の流れで、脚をスムーズに動かす

腰（骨盤）を前へ動かす意識を持ち、脚と一緒にスイングさせる動きが身についてくると、足の着地地点がカラダ（重心）の前方ではなく、自然とカラダの真下近くになってくる。

すると脚に体重がスムーズに乗り、しかも着地の瞬間に地面からの反力を受けることができる。いわゆるブレーキがかかりにくい、前へ進むための推進力を得た、効率の良い走りに近づいていける。

ランニング中の脚の動きを細かく見ていくと……、

①地面をとらえる場面（着地）
②カラダを支える場面（体重支持）
③踏み蹴る場面（キック）

の3つの場面に分けることができる。

3

体重を脚にスムーズにのせていく
4

自動車のタイヤの先にシューズがついているイメージで
5

8

足首はおよそ90度を保つように
9

谷川真理流

効率の良い走りのコツ

効率の良い走りをするためには、接地時間が短い走りをイメージしたい。たとえば自動車のタイヤの動きは、一番下のところしか地面に接地してない。同じように、足裏の接地時間をできるだけ短くすることができれば、スムーズな走りができる。

効率の良いランニングフォーム

水泳のクロールの場合、腕の動き＝ストロークを「水をとらえる：キャッチ」「水をかく：プル」「水から手を出す瞬間：プッシュ」と表現しているが、その一連の流れがスムーズなほど、効率の良い泳ぎとなる。それらと同じように、この①②③の3つの場面が、なめらかに動くことがポイントになる。

その動きをイメージ的に表現するならば、まるで自動車のタイヤの先にシューズがついていて、それが円を描いているかのような感じだ。

また、靴の中に隠れた足首のポイントとしては、およそ90度を保つようにこころがけることだ。

PART 1
フォームの完成

腕振りなど、上半身のバランスのとれたフォームが効率の良い走りを生み出す

腕をまっすぐ振って脚の動きをリードする

腕をおよそ90度に曲げて前後にしっかり振る

　どんなに脚の動きを意識しても、上半身がバランスの悪いフォームになっていては、効率の良い走りなどできない。42・195㎞を走りきるには、全身を無駄なくスムーズに使っていくことが大切になる。これから紹介するウォーキングやジョギングの章でも、それぞれポイントを説明していくが、まず大切なのが腕の振りになるだろう。

　海外のアスリートの中には、腕をダランとたらして、しかもスピードに乗って走る人もいるが、**基本はあくまでヒジを支点にして、腕をおよそ90度に曲げた構えだ。**

　また、一般のランナーには、ヒジを横に振るような横振りや、左右で振りの大きさがバラバラな動きが見られるが、やはり基本はヒジを前後に振る動きになるだろう。

　そして、肩の力を抜いたリラックスした状態を保ち、首や上半身が傾いたり、足元ばかりを見たり、あごが上がってしまったりする、悪いフォームの癖を直していきたい。

1
腕をしっかり構える

2

3
必要以上にストライドは広げない

4

5
着地した脚に素早く体重を乗せる

6
骨盤を前へという意識で

7

8
着地は蹴り上げ動作のはじまりと考える

9

PART 1 フォームの完成

「着地＝キック」のイメージで脚をまき上げるように走る

ローリング走法の脚の動き

1
骨盤を使って、脚を回していく
2
足の付け根から脚を動かすように

ピストン走法の脚の動き

1
上半身を固定して
2
脚部だけを前後に動かす

骨盤を意識したローリング走法へ

　ここまで説明してきた、骨盤を意識した走りを専門用語では「ローリング走法」と呼んでいる。ご存知スプリントの名選手カール・ルイス（USA）が始めたテクニックといわれている。それに対して、「ピストン走法」という走りがある。それは名前の通り、脚をピストンのように動かしていく走りだ。フォームからみると、ローリング走法に比べて腰がやや低くなり、足裏と地面の接地時間が長くなり、脚が戻る時に負担が大きくなる。

　ローリング走法の場合、「着地＝キック」の感覚で、着地した脚をいち早くまき上げるようにキックするので、ハムストリングスと大殿部を筋力アップする必要がある。

素早い体重移動を心がける

骨盤を使って脚を回していくローリング走法は、脚を戻す負担や着地にかかるブレーキはなく、体の真下よりやや前方に着地する。

骨盤を使う走りを、感覚的に表現すると「脚の付け根から脚を動かす」のではなく、「胃のあたりが付け根」という感覚で走る。そして、着地をした脚にいち早く体重を乗せていくようにしたい。

谷川
真理流

ローリング走法のポイント

ローリング走法では、無理して前にストライドを広げないように注意する。それに対してピストン走法では、脚を前へという意識が必要になる。

カラダの近くで着地する意識で

PART-1
フォームの完成
まとめ

「骨盤を前へ動かす」という意識

フルマラソンをできるだけ速く完走するために

理想のフォームとは、自分に合っていることも大切であるが、長い距離をできるだけ速くゴールするために、有利な走り方を考えた上のモノになる。

ポイントは、腰（骨盤）を意識した走りだ。脚部だけを動かすのではなく、「骨盤を前へ動かす」という意識で、脚と腰を一緒にスイングさせていく。すると走りが変わってくる。

これからウォーキングやジョギングの章で、フォームや動きについて解説していくが、練習の中で基本をマスターし自分に合ったフォームを身につけていこう。

Part 2

2週間で30分間歩けるカラダになろう

ウォーキング

「歩く」という動作そのものは、誰もが日常で体験していること。
したがって、決して難しいスポーツではない。
けれども、一歩“上”を目指すなら、基本を身につけ、
スタートラインでしっかり“ウォーキングのツボ”を
カラダに覚えさせることが大切になる。
怪我や故障などを起こさず、ランニングを思う存分楽しむために、
ここでウォーキングのコツや練習のポイントを紹介しよう。

PART 2

ウォーキング

2週間で30分間歩けるカラダになろう

脳だけがスポーツマンでは怪我をするだけ!

かつて運動部でスポーツ選手だった。学生時代はずい分走っていた……。だからマラソンぐらい、少し走って足慣らしをすれば問題なし。そんな人は稀にいるかも知れない。

けれども、実際の話となるとそうはいかない。いきなり一時間も走ってしまい、ヒザを痛めて歩くのもままならない。筋肉痛で日常生活に支障をきたし、せっかくはじめたランニングが三日坊主で終わる、というケースの方が多いだろう。

とくに注意したいのが、昔はスポーツをやっていたが、最近の5年、10年はスポーツをやってない人。脳だけがスポー

三日坊主にならないために2ヶ月先の60分間走を目標にトレーニング開始

ツマンで、カラダは一般人以下なので脳だけが先走り怪我をするというケースだ。こういう人はとくにヒザや足首などを故障しやすい。

だから歩くことから始める。そこで衝撃の少ないウォーキングから徐々にランニングに取り組むと良い。最初は30分間ウォーキングをできるだけ毎日続ける。

社会人ならば仕事のことも考え、できるだけ確実に時間がとれる出勤前に歩くとよいだろう。運動経験がほとんどない人は、最低2週間はウォーキングを続けよう。

最初2週間は走ってはだめ、我慢する。走ればきっと怪我をする。2週間続けることができれば、練習が生活の一部になってくし、筋肉もできてくる。

そして一度歩きはじめたならば、個人差はあるが2ヶ月後を目安に「60分間走れるカラダになる」ことを目標にしたい。

60分間を無理なく走り続けられるようになれば、筋肉や心肺機能といったカラダの能力が、ランニングに適したものに自然と変わってくる。

PART 2
ウォーキング
目標を立てる

練習の「はじめの一歩」は、歩く環境と時間をつくること

1日30分でいい。歩く時間(=トレーニングタイム)を作ることから始めよう!!

今日から毎日練習する！ぐらいの気持ちを持ちたい

歩くために必要なこと。ランニングパンツやTシャツ、シューズといった道具も必要だが、第一に健康であること。ヒザや足首を痛めているのに、無理に練習などしては大きな怪我の原因になったり、故障を引き起こしかねない。

次に精神力。なんとなく、やってみようかな！　では、なかなか続かない。**最初の2ヶ月間は、「週3回練習しよう」というような回数を決めずに、「毎日練習する」ぐらいの気持ちでスタートしたい。**

仕事や家事で忙しく、残業や付き合いもあると毎日トレーニングしようと思っても、できるものではないからだ。

「歩く環境」と「時間」は自分で見つける!!

帰宅後の夜
街の中でトレーニング
出社前に家近くの
河川敷でトレーニング
昼休みに
会社近くの公園で
トレーニング

谷川真理流

練習初日の心構え

1. 自分のカラダ（体調）と相談。
2. 歩く時間（トレーニングタイム）をつくる。
3. 一度歩くと決めたら「毎日歩く」を目指す。

「今日は歩く」から、「歩かなかったことが気になる」へ

そこで、重要なのが「歩く環境」と「時間」を見つけること。日々の生活の中で〝歩く〟を意識するだけで、気持ちも変わってくる。

歩く時間は「出社前、昼休み、帰宅後の夜」のいずれでも構わない。場所は「近くの河川敷、公園、街の中」など自分で選ぶ。場所や時間（トレーニングタイム）を決めて歩けば、生活の一部になってくる。

はじめた頃は、**「今日は歩いた」とつぶやいた人が、次第に「今日は歩かなかった」ことが気になる。そうなれば歩き方も変わってくる。**

正しいフォームを身につけ、無駄な力などを使わない歩きを身につける。多少、足に自信があってもビギナーでも、これから紹介する基礎から出発するように心がけたい。

無理にスピードアップするよりも動き続けることを目標にする

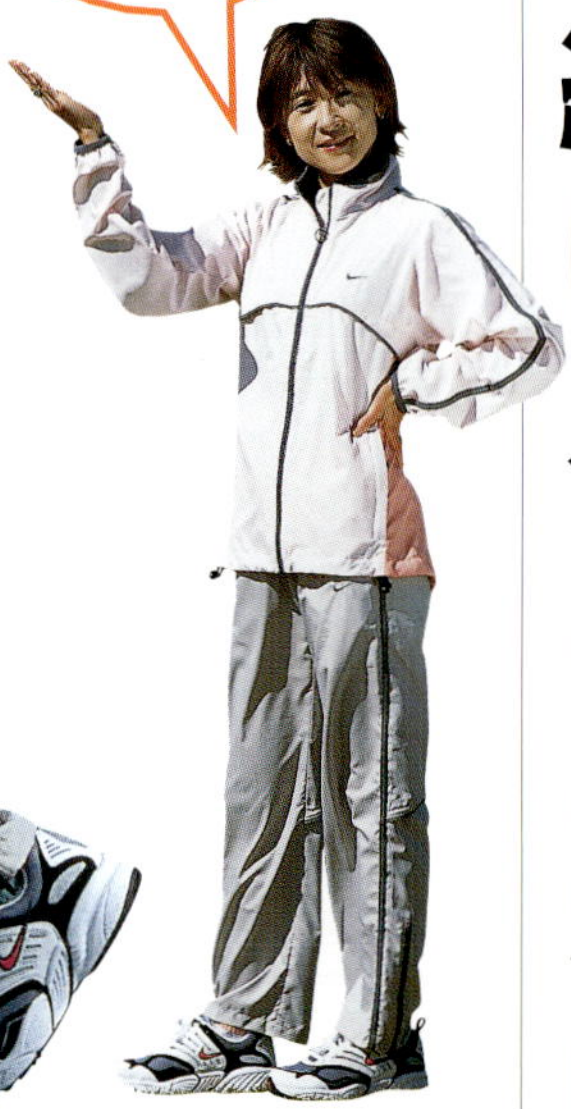
2週間単位で目標を立てて、2ヶ月で60分間走れるカラダになる

歩くから走るへ、完走できるカラダを作る

ここ数年、ランニングシューズなど履いたことがない。まったく走ったことがないという人であっても、しっかりトレーニングメニューを組み、目標を持って練習すれば、2ヶ月で60分間を走ることができるようになる。

けれども、途中で脚を痛めたり、体調を崩してしまった場合は、練習は即中止して、痛みが治まり、回復するのを待ってからスケジュールを立て直し、再びトレーニングを再開したい。

大会でマラソンを完走したい方にとっても、この2ヶ月は大切な期間だ。走れるカラダをしっかり作って、マラソン完走のためのトレーニングに移っていきたい。

谷川
真理流

練習の心得

❶徐々にカラダを慣らす。

❷トレーニング時間は徐々に伸ばす。

❸その日の体調と相談し無理しない。長い目で、スケジュールも調整する。

❹スピードアップするより、走りきることを目標にする。

❺どこかに痛みを感じたら、練習は中止。回復を待つ。

練習開始 ❶**30分間普通に歩く**
ウエアを身にまといカラダ慣らし

❷**30分間ウォーキング**
フォームを意識して軽快に歩く

2週間後 ❸**30分間ウォーキング＋ジョギング**
無理のないペースで走ることに慣れる
Ⓐ10分歩＋10分走＋10分歩
Ⓑ15分歩＋15分走
Ⓒ10分走＋10分歩＋10分走

❹**30分間ジョギング**
自分のペースで30分間を走りきる

1ヶ月後 ❺**60分間ウォーキング＋ジョギング**
「歩くと走る」を組合わせ60分間動き続ける
Ⓐ20分歩＋20分走＋20分歩
Ⓑ30分歩＋30分走
Ⓒ10分走＋40分歩＋10分走

1ヶ月半後 ❻**60分間ジョギング**
フォームを意識し60分間を走りきる

ジョギング

30分間から60分間へ、トレーニング時間も徐々に伸ばす

トレーニングは、カラダ自体の順応性やトレーニング効果を考慮し、徐々にカラダを「走る」ことに慣れさせていく方法をとる。

日頃、あまり使っていなかった筋肉や心肺機能に、急激な負荷をかけないように、はじめはウォーキングだ。

歩行技術について、意外なほど意識されていないが、あらゆるスポーツに通じる大切な要素が秘められている。

トレーニング時間は30分からスタートし40分、45分、50分と、徐々に延ばしていく。けれど今日は足が重いと感じたら、たとえ前日60分間走ったとしても、30分間走に切り替えて構わない。この段階で自分が走った距離を知っておくのはよいが、あまり気にする必要はない。

ここに紹介したトレーニングスケジュールは、あくまで目安。無理なペースで走ったり、急激に時間を延ばすような練習をするよりは、確実に目標を定めて走りきるように心がけたい。

PART 2
ウォーキング
目標を立てる

目標を立てて、練習することを習慣づければ楽しさは倍増する

ジョギングを続けるポイントは「一緒に走れる仲間をつくること」

高望みは禁物。自分らしい目標で走る

継続が力になる「持久力」（持久力についてはｐ１２４参照）。走り続けるには、どうすればよいか。**第一に、自分なりの目標をつくることが大切になる。目標はどんな些細なことでも構わない。**「走った後のビールが美味しくて！」というのでも十分。

「何キロ痩せる」でもＯＫ。実際、「マラソンを3時間以内で走る（サブスリーを目指す）」というのは、多くの市民ランナーの目標でもある。

けれども、最初から3時間を目標にするより、完走を目標にしたほうが続くはずだ。あまり高い目標を立てると、自信をなくしてしまうこともあるし、無理なトレーニングによって体調を崩してしまうことだってありえる。最終的な目標として、3時間を掲げるのは非常に素晴らしいこと。まずは走ることを習慣づけてほしい。

そして、マイペースな自分の中に、自分らしい目標を立てて、ジョギングを楽しもう。

週に一度でも一緒に走れる仲間を作ろう

ジョギングを楽しんでいる方の中に、「いろいろな人と出会えて楽しい」という声が多く聞かれる。きわめて個人スポーツのはずなのに……。

クラブや競技部で走っている人は別として、ジョギングを続ける上で「一緒に走れる仲間をつくる」ことは、大切なことだ。毎日走っているコースで出会った人や、会社の仲間だっていい。週に1度

谷川真理流

練習を続けるポイント

❶自分らしい目標を立てる。
❷あまり高い目標は立てない。
❸「走る」ことを習慣づける。
❹一緒に走れる仲間をつくる。
❺腹八分目で練習はやめておく。

でも、**一緒に走れる仲間ができれば励みにもなるし、トレーニングの成果もあがってくるに違いない。**

また、普段の練習で指導者がいない多くの市民ランナーにとって、お互いが絶好のアドバイザーにもなる。

ちょっとしたフォームの崩れなど、仲間の一言で走りが変わるかもしれない。大会でも、スタートから一緒に走れる仲間がいれば、それだけで完走に一歩近づくはずだ。

トレーニングは腹八分目がちょうど良い

最初から、目いっぱいの練習はしない。30分間ジョギングした後、まだまだ走れるからといって、さらに30分走るというのはおすすめできない。トレーニングも腹八分目がちょうど良い。

「明日も走ろう」というぐらい、気持ちに余裕があるところで練習を止めておけば、明日につながるはずだ。

ワンポイント・アドバイス

雨の日は休む？

雨の日も、できれば合羽を着たり、傘をさして歩く。目標のレースが晴れの日とは限らない。雨の日も当然あるからだ。

雨の日に練習することで、五感がより研ぎすまされる。においや肌の温度の違い、車の音、小鳥の泣き声など、雨だとぜんぜん違うように感じられる。

PART 2

ウォーキング

普通に歩く

格好はランニングスタイル。30分間普通に歩いて足慣らし

「今日から練習」という日から、ランニング用のウエアとシューズを準備しよう
ウエアは明るく鮮やかな色がおすすめ！
フォームなど気にせず普通に歩く

ウエアとシューズはランニング用を準備

2ヶ月で60分間走れるカラダになるために、初日から3日間ぐらいは、まず普通に歩くことをおすすめしたい。

そのときの格好は、あくまでランニングスタイル。ランニング用のシューズを履いて、ウエアもランニング用を着込む。最終的に走ることを目標にはじめたのだから、シューズはウォーキング用ではなくランニング用（ジョギング用でもＯＫ）をはじめから使う。

また、痩せたいからといって、必要以上の厚着をするのは禁物だ。汗はたくさんかくけれど、脂肪の燃焼には関係ないので、その日の気温を考慮して、動きやすいスタイルを選ぶ。

ウエアの色は、明るく鮮やかなタイプ

ワンポイント・アドバイス

小石を持って歩く

練習中、両手に小石を持つだけで腕振りのトレーニングになる。小さなダンベルでも構わないが、疲れてきたら途中で捨てることができるので小石がおすすめ。

谷川真理流

練習のポイント

●練習時間：30分間

●週に何回？：「毎日」を目標。時間の都合がつかなければ週3回

●何日続ける？：1～3日程度

練習のポイント

1. 30分間動き続ける。
2. かたまっている筋肉をほぐすように。
3. ランニング用のシューズを履く。
4. カラフルなウエアを選ぶ。厚着をしない。
5. 前日に練習時間とコースを決めておく。

のものがおすすめだ。仕事後の夜の練習では事故の防止にもなるし、普段とは違ったカラフルなウエアを思い切って身につけるだけで、「今日は練習」という意識が芽生えて、足が自然と前に出る。

フォームは一切気にせず、30分間歩き続ける

「30分間歩く」目的は、まず肉体的に「30分間動き続ける」ことを自分のカラダに慣れさせることにある。次の段階で行う「ウォーキング」も含めて、日常生活であまり使われていなかった、かたまっている筋肉をほぐすことにある。

そして、精神的に「これからランニングをはじめるのだ」という気持ちを意識づける点にある。

そこで前日に「いつ歩くか（トレーニング時間）」「どこを歩くか」を決めておく。夏の暑い時期ならば、夜遅くても早朝でも構わない。

トレーニングする時間と環境を工夫してつくることが、ランニングの第一歩となる。

PART 2

ウォーキング

息があがらないスピードで、ゆっくり歩き正しいフォームを確認

カラダ全体を大きく、柔らかくスムーズに使う

力んだりしないように肩の力は抜いて、30分間動き続ける

全体の動きの流れや正しい姿勢をイメージする

一般にランニングを楽しむ人は、「歩く」という動作を、日常のそれと同じように歩くものと、腕の振りや足の動きなどフォームを意識して歩く「ウォーキング」に分けている。

前ページでは、カラダを慣らすためのスタートとして、とにかくフォームなどは意識せずに、30分間歩くことを紹介したが、次はフォームを意識した「ウォーキング」の練習に移行する。

歩くペースは、息の上がらない程度で、ゆっくり、マイペースで構わない。スピードをとくに意識せず、とにかく30分間を目安にして歩き続ける。

ポイントは、普通に歩いているときよりも、カラダ全体を大きく、そして柔らかく、スムーズに使っていくことだ。

全体の動きの流れや、正しい姿勢をチェック（基本姿勢の詳細はp38参照）して、正しいウォーキングのフォームを頭の中でイメージしていこう。

普通の歩きよりも、腕の振り方や脚の動きを意識してリズミカルに歩こう

腕の振りは脚の運びをリードする
➲p40参照

ヒジを動かせば、腕はしっかり振れる
➲p40参照

腰が引けないようにおへそは前へ
➲p42参照

頭の先から地面まで一本のラインを意識する
➲p38参照

軽快なリズムでスムーズな歩きを
➲p44参照

ウォーキングの正しい姿勢は、背すじを伸ばした腰高フォーム

横
しっかり胸をはって視線は前方へ。決して足元は見ない

カラダのセンターを意識して左右対称の動きを心がける

内臓の位置など、人間のカラダは完全な左右対称になっていない。足の長さだって、微妙に異なる人も多々いる。歩くときも、右肩が下がっているなどの癖がある。

これから長距離を走ろうというのであれば、悪い癖（無駄な動き）はエネルギーの浪費にもなるので、早い段階でチェックし、矯正しておこう。

全身が映せる鏡の前に立って、その場でフォームチェック。できるだけ「左右対称の動き」をイメージしながら、トレーニングを行おう。

頭の先から地面まで、一本のラインを通すことができるフォームを意識する

正しい姿勢をイメージする方法として、着地する場面で「カカト、ヒザ、腰、そして胸（みぞおちのあたり）を結んだラインが1本の直線になるようなフォーム」を意識することだ。

足を動かす（スイングさせる）支点は、

人間のカラダは、完全な左右対称になってはいないが、できるだけ左右対称のフォームをイメージしながら歩こう

両肩を結んだラインはやや高めの位置を意識し、水平になるように心掛ける

肩のラインが歩くときに上下にブレないように注意する

もものつけ根というより、胸の下（みぞおちあたり）であることをイメージしながら、全身が弓なりのかたちになるよう重心を移動させていくようにしよう。

また、首や肩の余分な力を抜いてリラックスを心がける。そして、右や左へジグザグにならないように、目標としている方向にまっすぐ歩く。するとランニングに必要な筋力が自然と強化され、走れるカラダがつくられていく。

ワンポイントアドバイス

肩のラインを水平に

ウォーキングフォームのポイントとして、両肩を結んだラインが「水平を保てるかどうか」という点があげられる。

肩が上下に大きくブレるようなら、意識して動かないフォームを身につけよう。

肩のラインが傾くとバランスが崩れる

「ヒジを動かす」に意識をおいて、腕をしっかり振れば脚も自然と動く

リズミカルに腕全体を振る

自分でリズムを刻んでみたり、呼吸に合わせて動かしても構わないが、リズミカルに腕を振る。しっかりとヒジを振ることができれば、脚は意識せずとも前に出る

疲れてくると振りが小さくなる

基本姿勢を確認したら、つぎに腕の動き＝腕の振りをマスターしよう。腕の振りはマラソンを完走するために、とても重要になってくる。

なぜなら腕の振りは、無意識の内に脚の動きをリードしているからだ。

体調にもよるが、トップランナーであっても30㎞を過ぎたレース後半になると、疲れが必ずカラダをおそう。そのとき脚の動きが鈍ると同時に、必ず腕の振りが悪く（小さく）なる。

腕の振りは脚の運びをリードする

カラダが疲れてきたとき、地面を強く蹴って前へ進もうとしても、よほど不屈

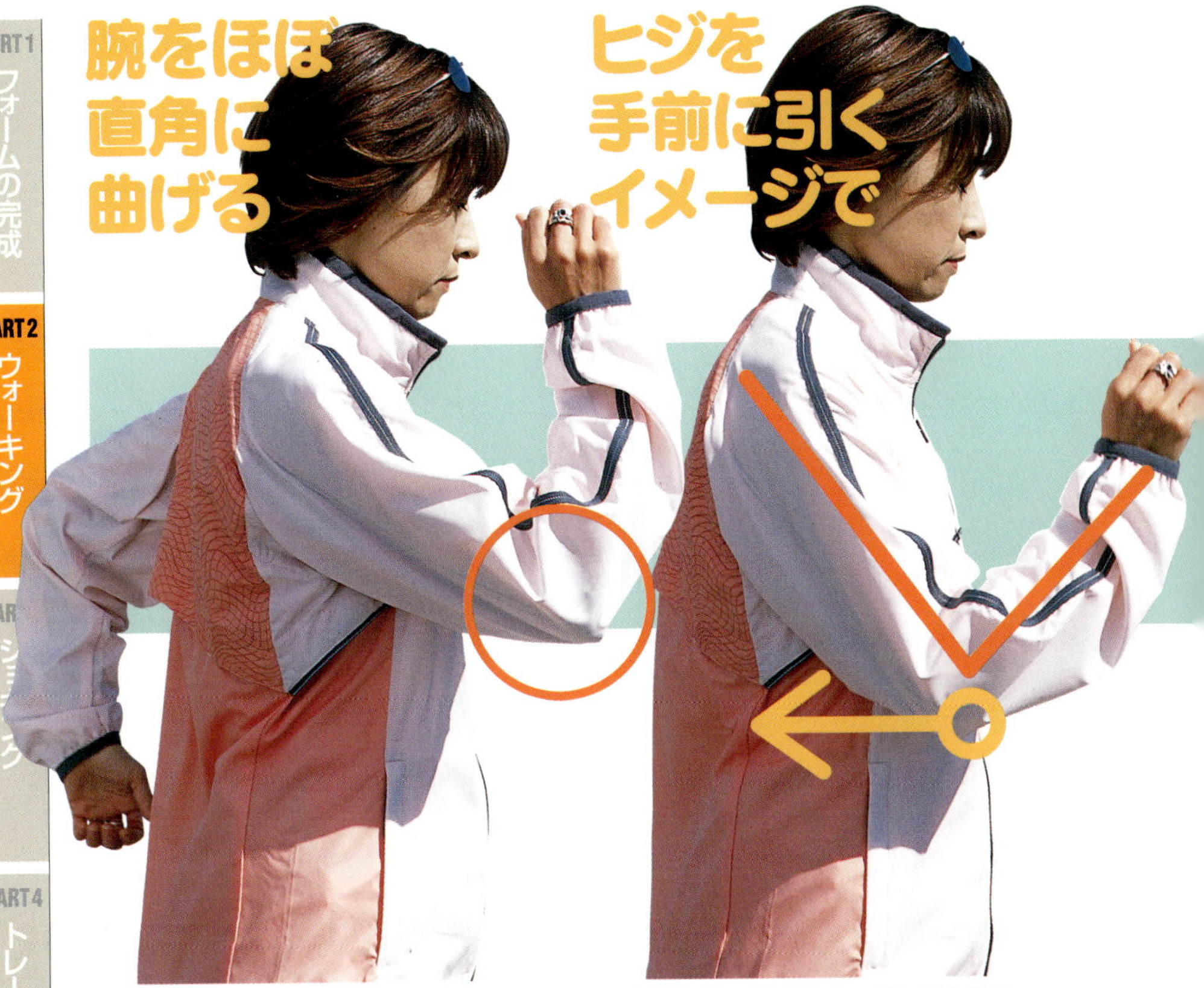
腕をほぼ直角に曲げる
ヒジを手前に引くイメージで

腕をしっかり振るためには、手を前後に振るというより、ヒジを動かす意識が大切。ヒジを支点に、直角を目安に腕を曲げ、肩の力を抜いてリラックス

腕振りは、腰が前方へ押し出されるタイミングで胸を張り気味に行う

の精神があるか、筋力が強靭でなければ脚の動きはなかなか元には戻らない。

そんなとき、腕をしっかり振ることを意識すれば、脚が自然と前へ出る。もちろん限界はあるが、腕をバランス良く振ることができれば、走り全体のバランスが良くなる。

腕全体をしっかりと振るためには胸を張り気味にして、両肩の位置をやや高めに保ち、ヒジを動かす意識が大切になる。

谷川
真理流

ウォーキングの腕振りポイント

1. 肩や腕の力を抜きリラックス。
2. 手は軽く握り、ヒジを支点に腕は直角をキープ。

3. 腕振りはヒジを動かす意識で。
4. 両肩の位置は、やや高めに保つ。

おへそを前へ突き出すようなつもりで、腰の位置を高くキープする

典型的な腕の横振り

女性に多く見られがちな、ヒジを張った腕の横振り。練習初期の段階で悪い癖は直しておきたい

腕の振りが左右バラバラ

腕の振りが左右バラバラでは、疲れやすいばかりか、足の運びにも悪影響を及ぼす

背筋が曲がっていると歩幅も小さくなる

ウォーキングの正しい姿勢をマスターするためには、歩きながら、

「姿勢は正しいか！」

「上半身が、左右いずれかへ傾いていたり、上下したりしていないか！」

「下を向いていないか！」

など、フォームを意識しつつ、テンポ良く歩くように心がける。

とくに背すじが猫背のように曲がっていると、腰が引けてしまい足が前へ出づらくなり、歩幅もだんだん小さくなっていくので要注意だ。

そこで、まずは背すじをしっかりと伸ばすことを意識しよう。そして、おへそを前へ突き出すようなつもりで、腰の位置を高くキープするようにして歩くとよ

両肩を高い位置に保ち胸を張った正しい姿勢

猫背のように背中が丸まっている。これでは歩幅がどんどん狭くなる

いだろう。

そして、あごを適度に引いて、胸を張って進行方向に目線を向ける。ただし、一点ばかり見つめていては疲れてしまうので、前方の状況をしっかり見つつ、時折り景色を楽しむように、まわりを見ながら歩くことをおすすめする。

あごが上がってしまった

足元を見るのもよくないが、あごが上がるとバランスが悪くなる。前方の景色を見ながら歩くようにしよう。

首が傾いてしまった

見るからに窮屈そうなフォーム。もちろん長い距離を歩くにつれて、疲労度が増してくる。

カカトから地面に着地して、親指のつけ根あたりでしっかり踏み蹴る

親指の付け根あたりで踏み蹴る。このとき踏み蹴る側のヒザと腰を伸ばしていく

足首の角度は、常に90度を保つようにする

軽快なリズムで、スムーズな歩きを

脚の動きをクローズアップすると、まずシューズのカカトから、地面にしっかり着地することが基本になる。

これはウォーキングに限らず、これから取り組むジョギングや、スピードアップをしたランニングでも共通している。

この動きは長い距離を走るとき、足首やヒザ、あるいは腰といったところに負担をかけない。

そして、着地後はカカトからつま先へスムーズに体重を移動させていくことがポイントだ。

練習を続けていけば自然に足の動きは速まる

ウォーキングに取り組むときは、普段

カカト全体で、しっかり地面をキャッチする

素早くカカトから、つま先へ体重を移動する

足先を前（進行方向）へしっかり向ける

の無意識に歩いているときよりも、軽快に、リズミカルにカラダを動かすことが必要だ。すると何日か経ったとき、自然と脚の動きが速まってくるのがわかる。

また、**ポイントとしては、できるだけ足首の角度を一定（およそ90度）に保つようにすることだ。**

谷川真理流

30分間ウォーキング・脚編

1. カカト全体でしっかり着地。
2. 足先を進行方向へ向ける。
3. キックするとき、蹴り脚のヒザを伸ばす。
4. 一直線に歩く。
5. 重心をスムーズに移動させる。

カカト全体で着地。つま先へと体重移動し、親指の付け根あたりで踏み蹴る。

男性に多いがに股、女性特有の内股は、早期発見、早期に直しておきたい

自分の癖を知って意識して直す

長い時間に身についた癖は、なかなか直らないものではあるが、男性に見られがちながに股や、女性に特有の内股などは、ヒザや腰への負担がかかる。長い距離を走るマラソンを完走するためにも、とにかく早めに矯正しておきたい。

鏡の前で自分のフォームを見れば、明らかに欠点が分かることなので、まずは自分の癖を把握してほしい。

そこで、脚の動きを意識しながら歩いてみたい。ヒザが進行方向に向かって、まっすぐ伸びているか？　つま先が極端に内側を向いていないか？　など自分で意識することで直していく。

つま先を、進行方向へまっすぐ向けて、直線に歩くのが基本

×

進行方向に対して、つま先が外側を向いているのはがに股になっている証拠だ。まっすぐ足先を向けるように心がけよう

×

つま先が、進行方向に対して内側を向いてしまうのは、内股になっているから。ヒザを痛めかねないので、即刻矯正しよう！

ワンポイント
アドバイス

ランニングが楽しくなるコース設定法

自宅・会社・学校の周辺と、練習場所は人それぞれであり、思い思いのコースが設定できる。その中で「お気に入りのコース」ができれば、トレーニングが楽しくなるし、長続きするポイントにもなる。

基本は車などの交通量が少ない、安全な道を選ぶこと。そして、河川敷や海辺、大きな公園といった、眺めの良い場所や自然が豊かなコースが見つけられれば、気持ちの良い練習ができる。

また、「ある程度の距離が分かるコース」「往復のコース」「距離の長いコース」「短いコース」「平坦なコース」「アップダウンのあるコース」など、トレーニングメニューにあわせて走れる（歩ける）ようにしたい。

2週間のウォーキングで、カラダと頭の中（脳）をランニングモードに切り替えていこう

バランスの良いフォームを意識して歩く

「42・195㎞を4時間以内で走る」を目標に開始したウォーキングのトレーニング。

それはバランスの良いフォームを意識し、30分間動き続けることで、普段あまり使っていなかった部分や、走るために必要な筋肉を徐々に作り上げていくこと。

そして、日常生活モードから、頭の中（脳）を運動モードにスムーズに切り替えるための役割を果たしてくれることなどが狙いとなる。

トレーニング期間も、定期的にスポーツを行っていない人なら、2週間続けることを目標にしたい。それによって、次の段階で目標となる「60分間走る（ジョギングする）」ためのカラダが作られてくるからだ。

この2週間で、バランスの良いフォームを身につけるために、欠点や悪い癖を知って、いち早く直しておこう。

Part 3

2ヶ月で60分間走れるカラダになろう

ジョギング

ウエアを身にまとい、毎日外に出てウォーキング開始。
個人差はあるが、練習を始めて2週間を過ぎた頃から、
次のステップ「ジョギング」に挑戦したい。
最初はウォーキングとジョギングを組み合わせて、
目標は30分間動きつづけること。
そして、徐々に時間を延ばしていって、
60分間を軽快に走れるカラダになろう。

練習時間《トレーニングタイム》を徐々に延ばし、ゆっくり走りフォームを確かめる

J＝ジョギング、W＝ウォーキング

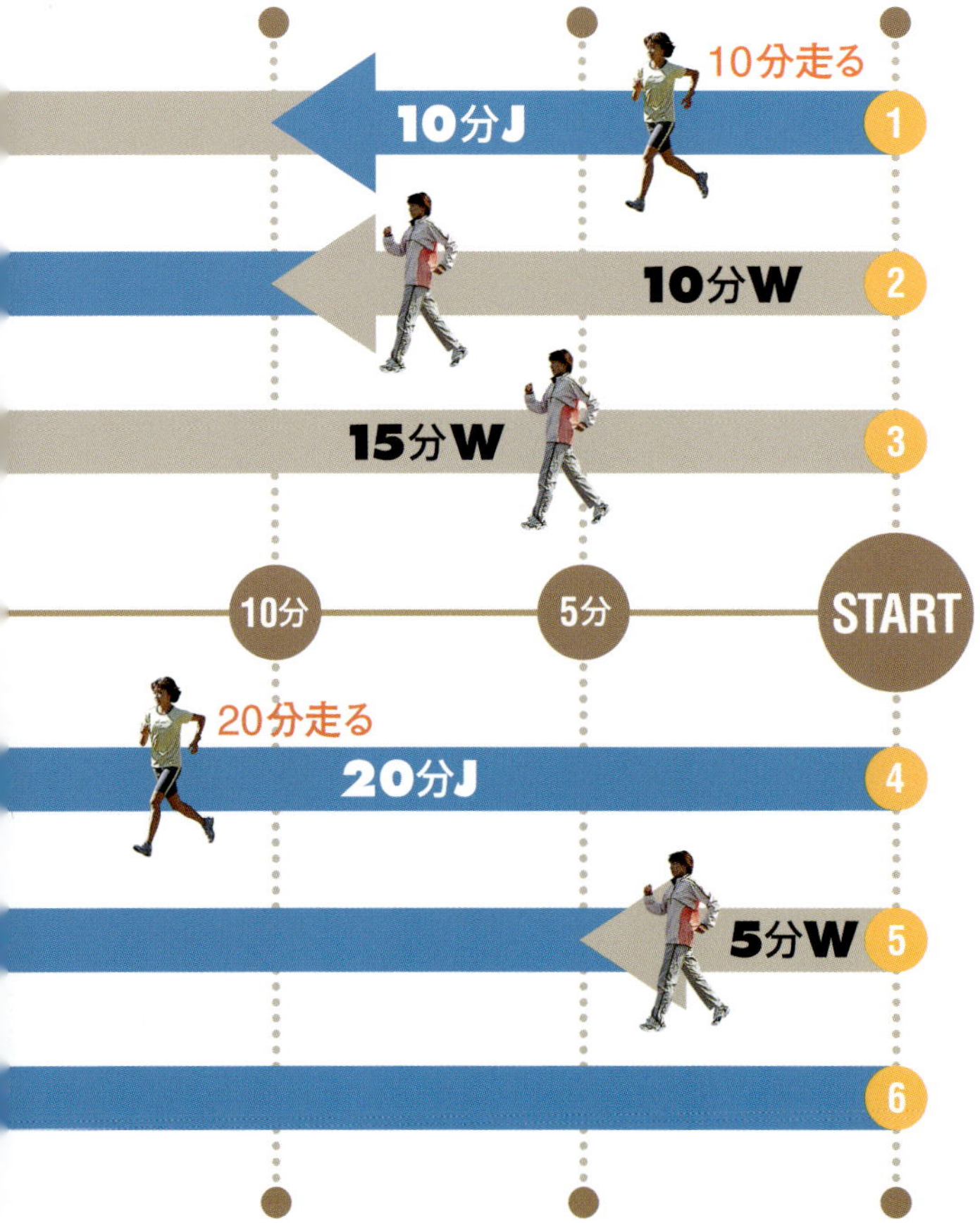

10分間のジョギングでゆっくり足慣らし

練習を始めて約2週間が過ぎ、30分間のウォーキングに慣れてきたら、今度はトレーニングのなかにジョギングを取り入れよう。いきなり30分間走るのではなく、「30分間のトレーニングタイム」の間に、目安としては10分、ジョギングをしてみる。

具体的には10分間ジョギングして20分間歩く。あるいは10分ウォーキングした後、10分ジョギングし、再び10分ウォーキングを行うというものでも構わない（上のトレーニングメニュー例を参照）。

速く走る必要はない。息が切れない程度のゆっくりとしたペースで、確実に30分間動き続けることが大切になる。

30分間ジョギングへの道

トレーニングメニュー例

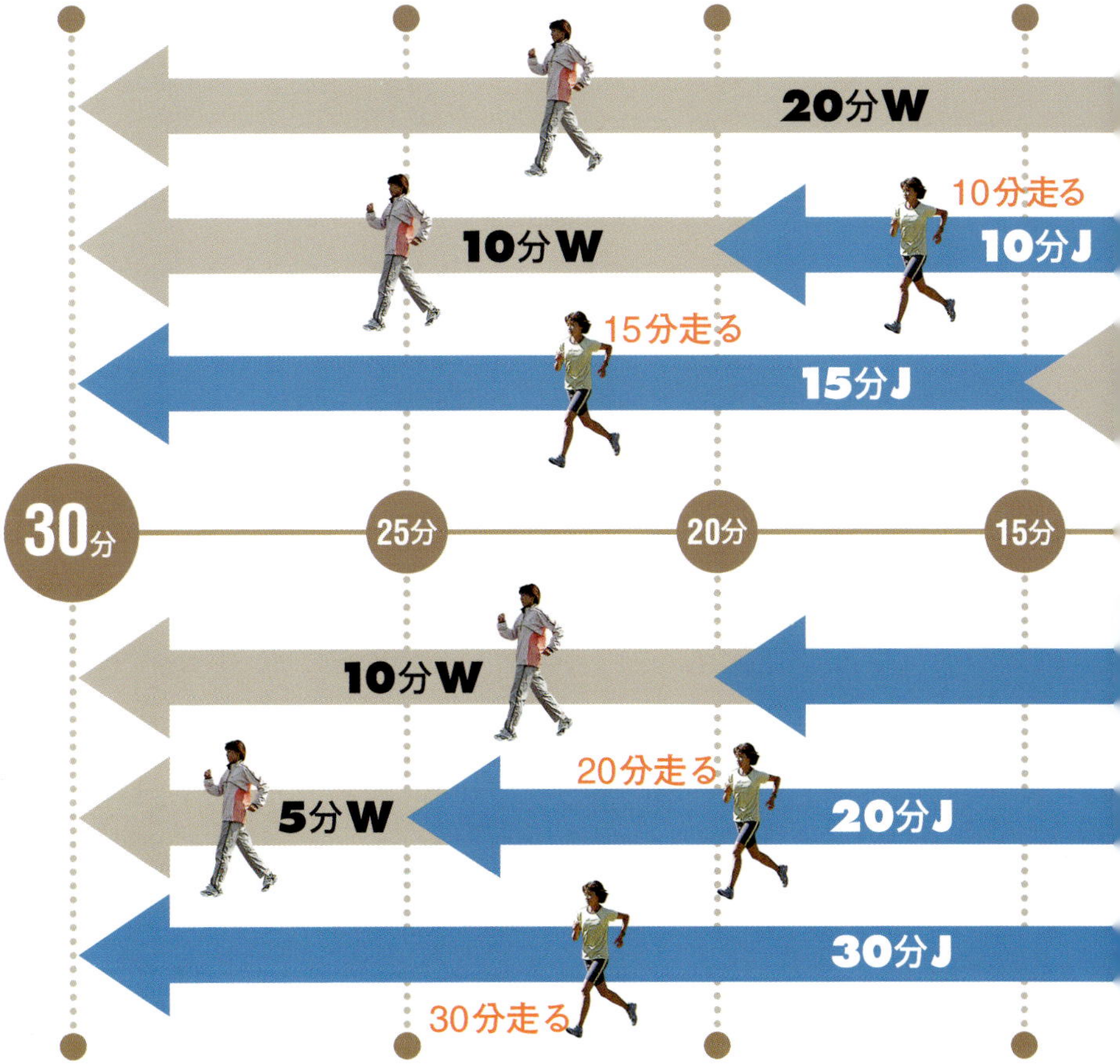

ウォーキングで身につけた基本フォームを忘れない

10分間のジョギングが苦もなく走れるようになれば、走る時間を徐々に伸ばしていくようにしたい。たとえば、15分間ジョギングしたら15分間ウォーキングする。それを3日間続けて、気持ちよく動けるようならば、今度は20分間ジョギングして10分間ウォーキングをする（5分間ウォーキングし、20分間ジョギングした後、5分間ウォーキングするという組み合わせでも構わない）。このように走る時間を伸ばしていくことで、走るために必要な筋肉を、無理なくつけていく。

谷川真理流

練習のポイント

1. はじめは10分間ジョギングからスタート
2. 30分間の中で、徐々にジョギングの時間を延ばしていく
3. 苦しくなったら、止まらずに歩き続ける

長い時間(距離)を走るには、自分のリズムをつかむことが大切

気持ちをゆったりとさせてリラックス
1

無理のないスピードで走る
2

腕全体を振ってリズムをとる
6

7

ヒジに意識をおいて腕をしっかり振る

ジョギングをするときは、無理してスピードアップしたり、息が切れるまで走る必要はない。PART2で紹介した、ウォーキングの時と同じように、余裕を持って30分続けられるスピードで、リズミカルに走ってみよう。

ここでのトレーニングタイムは30分間を目標にしたい。そのなかでジョギングの時間を「10分、20分、30分……」と延ばしていくには、走りにリズムが必要となる。

ヒジを動かすことに意識をおいて、腕をしっかり振り、リズムをとりながら、足裏で地面を蹴っていく。

3

足裏で地面を蹴る
4

かかとから、着地
5

ジョギングにはカラダが宙に浮く瞬間がある
8

9

気持ちを ゆったりさせて走る

リズムをつかむためには、気持ちをゆったりとさせて、走ることが大切だ。そうすれば、自分に合ったリズムがきっと見つかるだろう。

ジョギングには、ウォーキングにはなかった「カラダが宙に浮く瞬間」がある。しかし、それ以外の基本は、ほぼ同じ。着地から踏み蹴りまでの脚の動き、腕の振り、姿勢などをチェックして、基本となるジョギングのフォームをイメージしていこう。

谷川 真理流

30分間 ウォーキング&ジョギング

- **練習時間**：30分間
- **週に何回？**：「毎日」を目標。時間の都合がつかなければ週2～3回
- **何日続ける？**：2週間程度

練習のポイント

1. 腕全体をしっかり振って、テンポのよい走りを心がける。
2. ゆっくり走る。
3. ウォーキングで身につけた基本フォームを、ジョギングでも行う。
4. カラフルなウエアを選ぶ。厚着をしない。
5. 前日に練習時間とコースを決めておく。

PART 3

ジョギング

全身を使ったバランスの良い走りのフォームをイメージしよう

ゆっくり走る中で、速く走るためのフォームをチェック

ゆっくりと自分のペースで走るジョギングは、決して「キックを強くする！」ことなどを意識しない。トップランナーたちでさえ、ジョギングを行っているときは、ゆっくり走る中で、速く走るためのフォームや動きをチェックしている。それは「腕、腰、ヒザ、足首がタイミング良く動いているか」「左右の動きに偏りはないか」……などである。

フォームが左右どちらかに傾いていると、カラダを保つエネルギーが消耗、余分な筋力も必要になる。マラソンでは少しのエネルギーロスも大きな損失。カラダ全体をバランス良く使って走ろう。

そのためには、走る中で自然に筋肉をつけて、さらにそれを補う補強トレーニングで、バランス良くカラダを鍛えておくことが必要になってくる（トレーニングの詳細はPART4を参照）。

ここでは、正面と後ろからの連続写真で、バランスの良い動きをイメージしていこう。

正面からの連続写真で、フォームをイメージ

1

2

ヒザ下からつま先まで「まっすぐ」を心がける

3

4

5
左右対称の動きをイメージしながら走る

6
しっかり背すじを伸ばして走る

後ろからの連続写真で、フォームをイメージ

1
バランスの良いフォームを意識する

2

3
手のひらを軽く握り、リラックスする

4

5
カカトからの着地を心がける

6

闇雲に走るのではなく、自分なりにテーマを立てて練習にのぞもう

あご、腕、脚を一度に確認するのは不可能

連続写真で、全体の走りの流れをつかんだなら、次はリズミカルにジョギングするためのポイントを紹介しよう。繰り返すが、それらはウォーキングの基本と、ほぼ共通している。

頭、あご、視線、肩のライン、上半身の姿勢、腕、手、腰、脚、足裏……。チェックポイントも様々になるが、実際には走りながらすべてを一度に確認するなど不可能に近い。

そこで、練習のときは「今日は腕の振り」「明日は脚の動き」「明後日は腰」というように、テーマを絞り込もう。

ジョギングの基本フォーム

視線
遠くを眺めるようにして、時折、左右の景色を楽しむ
➡p60～61
足元ばかりを見ていないか？

手
空気をつかむようなイメージで軽く握る
➡p60
グーのように握りしめていないか？

足裏
カカト全体で着地し、親指のつけ根付近で踏み蹴る
➡p64～65
つま先からの着地になっていないか？

頭

まっすぐに前を向く

➡p60～61

左右のいずれかに傾いていないか？

あご

適度に引く　➡p60～61

あごが上がっていないか？

上半身(姿勢)

背すじをしっかり伸ばす

➡p60～61

極端に前に傾いていないか？
猫背になっていないか？

脚

脚の付け根からつま先までまっすぐ

➡p62～63

がに股や内股になっていないか？

肩

力を抜いてリラックスする

➡p60～61

左右に傾むいたり、前後に大きく振っていないか？

腕

ヒジを動かす意識で、しっかり振る

➡p58～59

左右不均等になっていないか？

腰

高い位置で、安定させる

➡p62～63

腰が上下に大きく動いていないか？

PART 3 ジョギング

息は吸うよりも吐くことを意識して、腕をしっかり振る

○ スピードや路面の傾斜によって変わってくるが、ヒジを支点に腕をおよそ90度に曲げる

×

◀腕を伸ばしたまま
腕が伸びてしまっては、効率の良い腕振りができない

▶小さな腕振り
腕を曲げすぎると動きが小さな腕振りになるので、足も前へ出ていかない

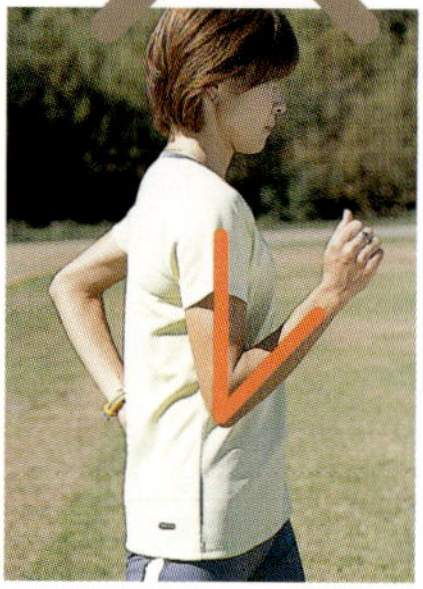

しっかり吐いて、新鮮な空気を肺に送る

長い時間（距離）を走るためには、自分のリズムで走ることに加えて、呼吸の仕方もポイントになる。

そこで、水泳の息継ぎなどもそうであるように、「吸う」よりも「吐く」を意識する。

イメージで言えば「スースー、ハーハー」となる。呼吸もリズミカルに行うことが大切だ。

また、疲れてくると、とかく息が荒くなってくる。すると、足の運びも鈍ってくる。

吐くことに意識をおいて呼吸すれば、肺の中に残った空気を吐き出し、酸素をたくさん含んだ新鮮な空気を、カラダに送り込むことができる。

○

呼吸に合わせて、前後にリズミカルに腕を振る

×

腕の横振り

女性特有の腕の横振りは、疲れの原因にもなりかねない

谷川真理流

ジョギングのポイント

1. 呼吸は「吐く」を意識して、呼吸が浅くならないようにする。
2. リズミカルな呼吸を心がける。
3. ヒジは90度を目安にしっかり曲げる。
4. ヒジを動かすという意識で腕全体を振る。

腕を振れば、脚も自然と速まる

ウォーキングの章でも説明したが、腕振りは大切なポイントだ。腕を速く振れば、足の運びも自然と速まってくるように、腕の動きは足の動きをリードしている。

女性に特有の腕を左右に動かす「横振り」(上写真参照)や、申し訳程度に腕を動かしている「小さな腕振り」(右ページ写真参照)、あるいは腕をしっかり曲げず、ダランと伸ばしたまま(右ページ写真参照)では、思うように走ることなどできない。これを正しい腕振りに直すだけで、走りは大きく変わる。

PART 3

ジョギング

あごを引いて前を見て、肩の力を抜いてリラックス

背すじを伸ばし、肩の力を抜いてリラックス
beep beep!!!
余分な力が入らないように、手を軽く握る

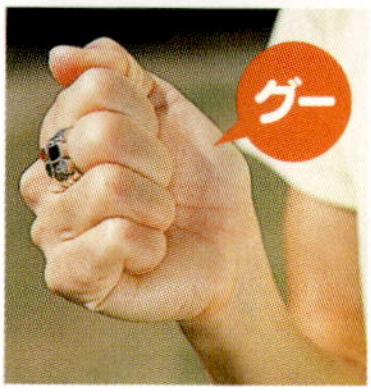

グー

手をギュッと握らない。手のひらは軽く握るように

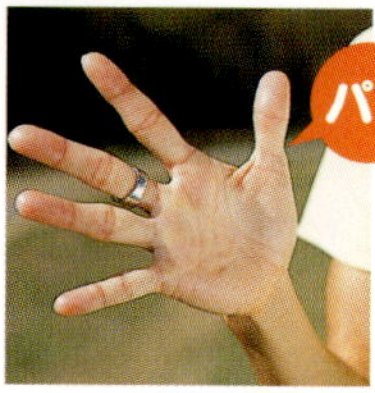

パー

手のひらを開いていては、うまく腕振りができない

長時間を楽に走るために正しい姿勢を身につける

上半身に注目し、ウォーキングでも確認した基本をおさらいしよう。まず、あごを適度に引いて、視線を前方に向ける。あごが下がってしまうと目線が足元に落ち、あごが上がれば空を見てしまうので注意しよう。

また、走っている最中は、どこか一点を見つめたりしない方が、リラックスできる。時折、まわりの景色を楽しむようにしたい。

そして、カラダが左か右に傾かないよう、肩のラインを水平に保つ。肩の力を抜いてリラックスし、余分な力が入らないように、手は軽く握る程度にする。

長い時間（距離）を楽に走るためにも、上半身が反り返ったり、前傾姿勢になら

首が傾いていては、疲労度も倍増。左右対称のフォームをイメージ

あごが上がっていると、目線も空を向いてしまうので、適度に引こう

足元ばかりを見ない。時折、まわりの景色を楽しむようにしよう

背すじを伸ばそう
猫背になると必要以上に筋力を使うことになる。リラックスして、背すじを伸ばそう

ないよう注意する。姿勢が悪いと、必要以上の筋力を使うことになるからだ。

左右対称のフォームを意識

ウォーキングと同様に、リラックスした状態で背筋をしっかり伸ばした姿勢を維持して、頭の先から足先まで、1本のラインが通っているような安定したフォームを心がける。

また、頭が左右のいずれかに傾いていると、バランスの悪い走りになってしまう。完全ではないにしても、できるだけ左右対称のフォーム、動きを身につけたい。

谷川真理流

ジョギングのポイント

1. 肩の力を抜きリラックス。
2. あごを適度に引く。
3. 視線は前方へ。時折景色を楽しむように。
4. 背すじをしっかり伸ばす。

PART 3

ジョギング

ヒザの位置が、いつも足の甲の真上にあることがポイント

しっかり体重を乗せていく脚の動きをチェック

ジョギングをするときの脚の動きにもいくつかの基本がある。

感覚的な話になるが、走っているときの体重の乗せ方を言葉で表わすとすれば、『ヒザを通り、足の甲に伝わり、親指の付け根に移り、地面に伝わっていく』、という感じになる。

こんな感じに、しっかり体重を乗せていくためには、腰の位置を高く保つことと、常にヒザが足の甲の真上にあることがポイントになる。

それに対して、ヒザが足の甲の真上から外れている人をしばしば見かける（がに股や内股になっている人。写真参照）。これでは着地の衝撃などを、ウマく上方向へ抜くことができず、長い距離を走っ

内股の走り

ヒザの位置が足の甲の内側に外れている。まっすぐに脚を前に出していくイメージで走ろう

がに股の走り

ヒザの位置が足の甲の外側に外れている。長い距離を走っていると、ヒザの故障を引き起こす原因にもなりかねない

ているうちに、ヒザなどを痛める原因にもなりかねない。

脚の付け根から足先までがまっすぐ

そこで、必要になってくるのが右ページの写真のように、脚の付け根から足先までを線で結んだとき、ヒザの中心を通ってラインがまっすぐに引けるフォームだ。

走っている最中に、このラインを確認することは難しいけれど、ときどきヒザの位置が足の甲の真上にあるか意識して、まっすぐに脚を前に出していくイメージで走ろう。

ワンポイントアドバイス

シューズの底の減り具合で自分の走りをチェック

長い時間（距離）を走っていると、無意識のうちに走りの癖が現れる。女性ランナーに多く見られる内股、あるいは男性に見られるがに股など。あまり極端になると故障の原因にもなりかねないので、改善が必要になる。

そこで、ときどきシューズの底の減り具合をチェックしよう。極端に内側が磨り減っていれば内股の可能性大。外側が減っているのはがに股の可能性が高い。

弾むようなリズムを心がけ、着地＝キックで流れをスムーズに

カカトから着地 3

カカトから親指の付け根付近までスムーズに体重移動 4

弾むようなリズムで走る 6

足のなめらかな動き「ローリング」をイメージする

ウォーキングのときにも説明したが、ジョギングでも「着地はカカト」からが基本になる。カカト全体を使って、なめらかに着地していくように心がける。

次に着地したカカトにいち早く体重を移動し、同時にキックする。そして、足の接地時間をできるだけ短くする。

足裏がなめらかにローリングするイメージで
1

2

5

つま先での着地は危険。怪我のもと

カカト全体でなめらかな着地を心がける

ジョギングとウォーキングの違いは、足が地面から離れて宙に浮く瞬間があるかないかという点だ。したがって、ウォーキングよりも「弾むようなリズム」を心がけたい。

また、この着地からキックまでの一連の流れを、感覚的につかむ方法として、p18でも説明したように、「脚の動きを自動車のタイヤがまわっていくような動き」とイメージしてほしい。

タイヤが回転しているかのごとく、足が円を描く。ローリングしていく様子を思い浮かべながら走って見よう。

谷川真理流

ジョギングのポイント

❶まっすぐに走る。

❷休重移動は「ヒザを通り、足の甲に伝わり、親指の付け根あたりに移り、地面に伝わっていく」というイメージ。

❸「ヒザは足の甲の真上」を意識。

2週間かけて、走る時間を徐々に60分間に近づけていく

無理なトレーニングは故障の原因にもなるので注意

練習を開始して4週間（約1ヶ月）あまりを過ぎた頃になると、次第に30分間ぐらいは楽にジョギングできるようになる。長い時間をゆっくり走ることを習慣づけることで脂肪が燃えて、自然に走れるカラダになってくるのだ。

もちろん脚の筋肉も鍛えられ、怪我や故障をする危険性も薄れてくる。ただし、自分の能力以上の無理なトレーニングをすると、ヒザや足首などの故障で走れなくなり、スタート地点に逆戻りだ。

そこで、PART3のトレーニング目標である「2ヶ月で60分間を走る」ために、次の2週間ではいきなり60分間を走るのではなく、徐々に「走る時間」を伸ばすようにしてほしい。

60分間ジョギングへの道 トレーニングメニュー例

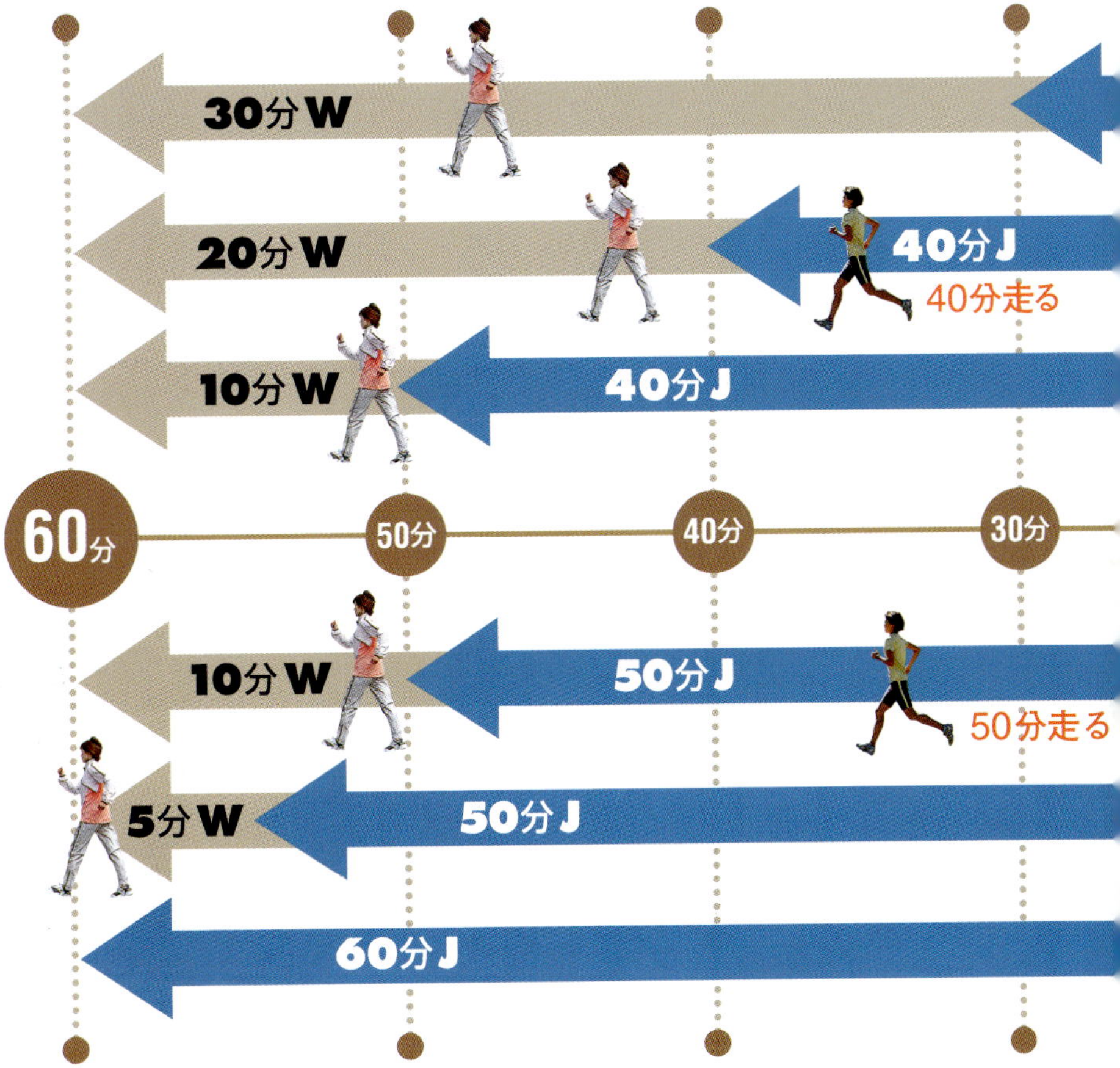

40分、45分、50分とジョギングを徐々に伸ばす

体操やストレッチングといったウォーミングアップに時間をかけて（走り終わった後のクーリングダウンも同様に、p94参照）、カラダを温めてから60分間のトレーニングをはじめる。

そのとき、最初は30分間ジョギングして、残りの30分間をウォーキングするというもので構わない。

走り方は、30分間ジョギングで身につけた基本とまったく同じだ。フォームを崩さないように気をつけて、余裕のあるゆっくりしたペースで走ろう。

目標はあくまで「60分間休まずに運動を続ける」ということだ。

そして、30分間ジョギングを始めた頃のように、40分、45分、50分とジョギングする時間を徐々にふやして60分間に近づけていこう。**これを2週間続けることで、しだいにカラダが慣れて、無理なく、60分間を走れるようになる。**

60分間ジョギングができれば、自然と10kmが走れるようになる

60分間、一定のスピードでリズミカルに走る

60分間のトレーニングタイムの中で、徐々にジョギングする時間を伸ばしてきたなら、2ヶ月がたった頃を目安に（練習開始から約6週目）、60分間を通してゆっくりジョギングしてみよう。

走っている最中に、息が苦しくなったり、ヒザに痛みを感じたら、もちろん走るのはやめて歩いても良い。

体調はその日その日で変わってくるので、今日は調子が悪いと感じたら、「30分」に変更したって構わない。

そして60分間、息が大きく乱れず、一定のペース（スピード）を保ちながら、リズミカルに走ることができれば、PART3で目標としてきた「60分間走れる体力」が身についてきたといえよう。

ペースの取り方を工夫して練習

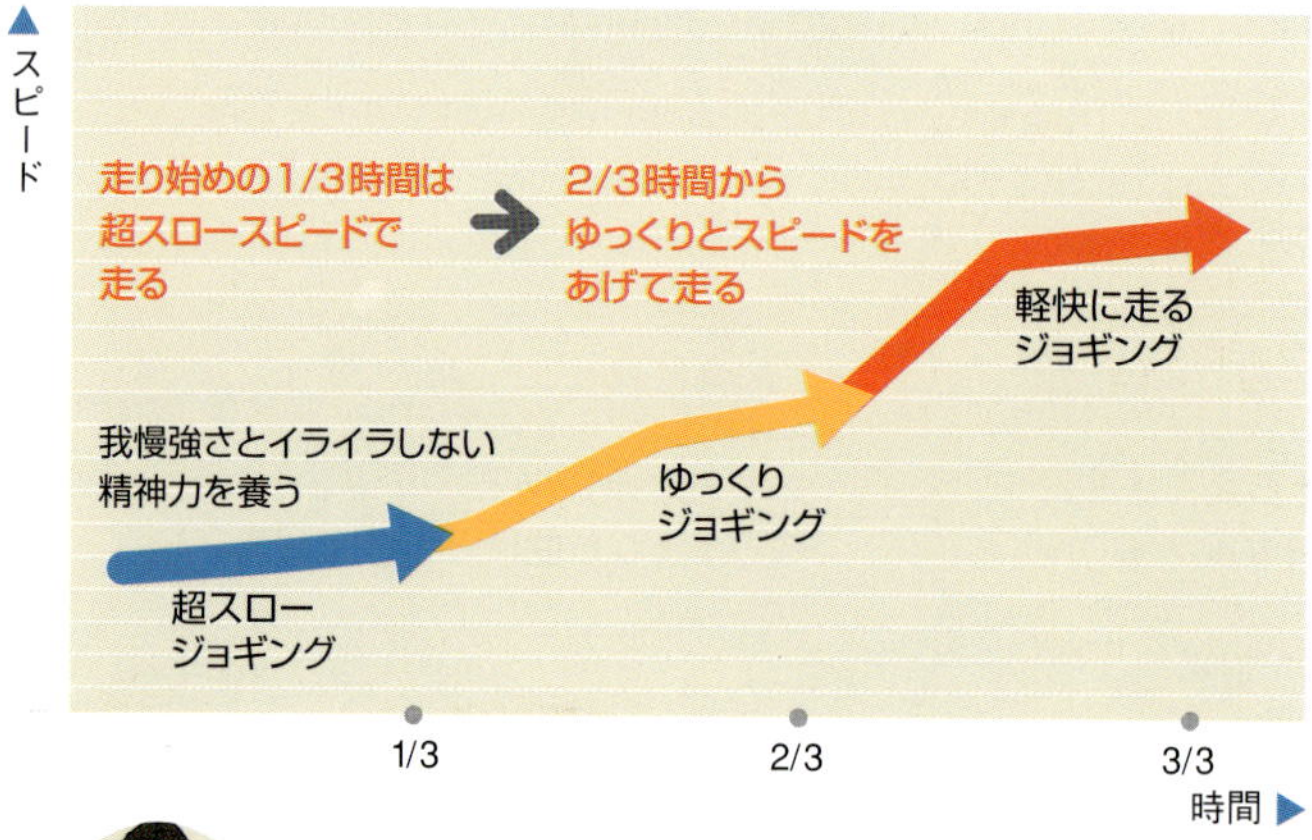

谷川真理流

60分間ウォーキング&ジョギング

- **練習時間：**60分間
- **週に何回？：**「毎日」を目標。時間の都合がつかなければ週2～3回
- **何日続ける？：**2週間程度

練習のポイント

1. 急に60分間走らず、60分間の中で徐々にジョギングの時間を延ばしていく。
2. ゆっくり走る。
3. 基本フォームを確認しながら走る。
4. ウォーミングアップをしっかり行う。

ワンポイント・アドバイス

かんたんにできる下半身強化のエクササイズ

カカトで地面をしっかりとらえ、つま先で蹴り出していく。良いフォームを身につけ、安定した走りをするために、下半身の筋力をアップしていこう。

地面をしっかりとらえるために、足裏（足底）やスネの部分を鍛えるには「タオルギャザー」が良い。まず、裸足になって、その下にタオルを敷いておく。足の指を使って、そのタオルを手繰り寄せるようにして、自分の方に引き寄せる。さらに下半身を強化するなら、片脚スクワットも効果がある。左右いずれかの脚で、ゆっくり曲げ伸ばしを繰り返す。

▶左右いずれかの脚を横に開き、脚の曲げ伸ばしを行う

▶左右いずれかの脚を前に出し、脚の曲げ伸ばしを行う

片脚スクワット

足裏で圧を感じながら、片脚ずつヒザの曲げ伸ばしをゆっくり行う。

※詳細は p82参照

◀左右いずれかの脚を後ろに出し、脚の曲げ伸ばしを行う

谷川 真理流

60分間ジョギング

- **練習時間**：60分間
- **週に何回？**：「毎日」を目標。時間の都合がつかなければ週2〜3回
- **何日続ける？**：2週間程度

練習のポイント

①60分間余裕のあるペースで走る。
②走った距離を確認する（目安は10km）。
③きついと感じたら、歩いても良い。
④仲間と走るときも、自分のペースを超えた走りはしない。

自分の走っている距離を確認しよう

そこで、トレーニングを始めて2ヶ月が迫ってきた頃になったら距離も意識してみる。できれば、いつも走っているコースを地図で調べたり、車で走っておよその距離を調べておく。そして、自分が60分間で何km走っているのかを確認しよう。

1kmを6分のペースで走っているとすれば、60分間で10kmだ。ビギナーにとって、「10km」は途方もない距離に思えるが、決して無理な距離ではない。60分間ジョギングを続ければ、知らず知らずのうちに走ることができる距離だ。

トレーニングの質と量に強弱をつけてバランスをとる

いつも全力では、かならず休養が不足する

トレーニングを続ける上で、「栄養・休養・トレーニング」の3つをバランス良くとることが大切になる。「トレーニングは十分できているが休養は？」「休養はあるけど栄養は？」……。この3つがどれかに偏っているようでは、トレーニングの効果も上がらないだろう。

気をつけたいのが自分の健康管理と練習内容の検討だ。まず睡眠時間をしっかりとることが基本中の基本。そして、「練習内容（距離やペース等）」と「休養」の割合がポイントになる。

たとえば毎日60分間トレーニングできる時間があったとする。自信があるからといって、いつもペースアップして走っていたら、必ず休養が足りなくなる。

ワンポイント・アドバイス

仲間と走るときは「ペースオーバーに注意!!」

仲間と一緒に走ることは、ランニングを長く続けるためにも精神的にも非常によいことなのだが、注意点が一つある。たとえば60分間をしっかり走った翌日に仲間と走る日を迎えた場合だ。皆はペースを上げて走っている。そんなとき無理をして、それについて行こうとするときが1番危険。

その日の体調を把握して、自分のペースを守って練習することが大切になる。

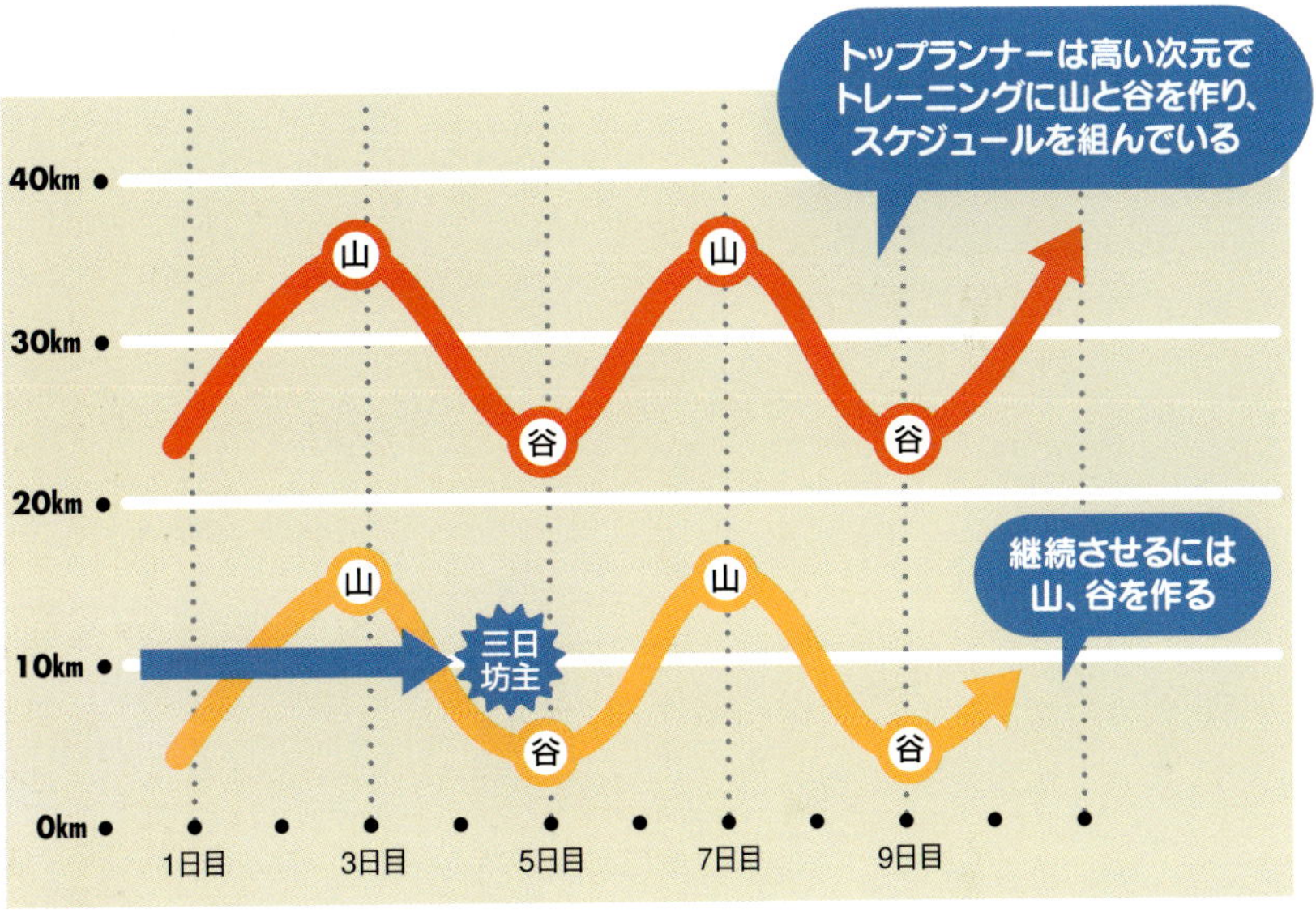

谷川
真理流

休養のとり方

❶「栄養、休養、トレーニング」のバランスをとる。
❷睡眠時間をしっかりとる。
❸きつい練習をした翌日は、軽い練習にする。
❹強いトレーニングは週2回以内。
❺マッサージやお風呂で、リラックスしながら癒す。

そこで、**毎日同じ練習をするのではなく、トレーニング内容を日々変化させてやる。**速く走った日の翌日は、ゆっくり走って疲労を回復させることを意識する。あるいは60分間走った日の翌日は、30分間走るなど、組み合わせることが必要になる。

「休養」するのも完全に休むのではなく、トレーニングの量と質を落として軽くする日を作るようにしたい。

強いトレーニングは最初は週に1日ぐらい行い、慣れてきても週に2日ぐらいにとどめることを目安にするとよい。

PART-3
ジョギング
まとめ

続けるためにも自分の能力に合った「量」を考えて練習することが大切

やり過ぎると疲労がピークに達する

疲労には、大きく分けて精神的な疲労（心のストレス）と肉体的な疲労の2通りがある。肉体的な疲労は、運動をやりすぎると当然でてくるものだ。

運動量を増やしていくだけでは疲労がたまってしまう。運動量を加減して自分の能力に合った量でトレーニングを行うことが大切になる。もちろん、よく寝ること、よく食べることも大切だ。

練習開始2ヶ月目に入った頃から、精神面のリラクゼーションを考え、マッサージやお風呂の入り方を工夫すると、休養の効果（疲労回復）も上がる。

Part 4

思い切り走るためのカラダづくり

トレーニング

今日は調子が良いから距離を倍増しよう！
その結果、無理なトレーニングがたたり、
ヒザを痛めたなどという話をよく聞く。
どんなに楽しいスポーツも、怪我などの障害を引き起こしてしまっては、
気分が落ち込むばかりか、日常生活へ支障をきたす。
そこで、ランナーに起こりやすい「怪我や障害」を知り、
カラダを鍛えて、快適なランニング生活を送ろう。

PART 4 トレーニング

調子が良いときも、悪いときも…。自分のカラダのことを知っておこう

ランナーに生じやすい痛みの場所

健康のためにランニングを始めたはずなのに「脚が痛い」「アキレス腱がおかしい」……。

その原因は、たとえば無理な距離を走ったり、足に合わないシューズを履いたり、フォームがよくなかったり、栄養や休養が不足し疲労が極端に溜まっていたりと実に様々で、個人差もある。

実際、ランナーは次のようなところに痛みを感じるケースが多い。

①ヒザ関節
②足部、足首関節
③太もも
④ふくらはぎ、スネ
⑤アキレス腱

このような場所に痛みを感じたら、練習量を減らしてみたり、トレーニングを止めて休養をとることが必要になる。

自分一人で勝手に判断したり、一人で不安を募らせたりせず、痛みが続くようならば、専門医に診てもらってきちんと治療をすることが大切だ。

着地の衝撃から足を守るために、クッション性の高いシューズを選ぶ

障害を予防するための3つのポイント

一歩一歩地面に着地し、踏み蹴り（キック）をする脚には、常に衝撃が加わっている。足をしっかりとホールドしてくれるシューズとクッション性に優れたシューズを組みあわせて使おう。

2つ目のポイントは筋力アップだ。補助トレーニング（詳細はp80-101参照）を行って、障害が起きにくいカラダを作る。

そして、走れなくなってしまうような大きな障害を起こす前に、自分の体調を管理して状態を把握しておこう（詳細はp102参照）。

ランナーが痛みを感じる場所

＊詳細はp76-77

こんなとき、どうする?

突然、練習中に足がつった場合は?

普段のトレーニングで筋力アップ

昨日と同じ練習をしたはずなのに、突然足がつってしまった。

一般的に足がつってしまうのは、睡眠不足やミネラル不足（とくにカリウム）、あるいは極度の疲労などが原因といわれている。

その予防策は、やはり普段からの筋力トレーニングだ（たとえば運動不足の人がいきなり走ると足がつることがよくある）。

もしも、ランニング中に足がつってしまったら、その場でつった足先を手で手前にひき、かかとを押し出し、よく伸ばす。それで、おさまるようであれば屈伸をして走り出そう。

ももやふくらはぎがつった場合、つった方の足先を手で手前にひくように押して、よく伸ばそう

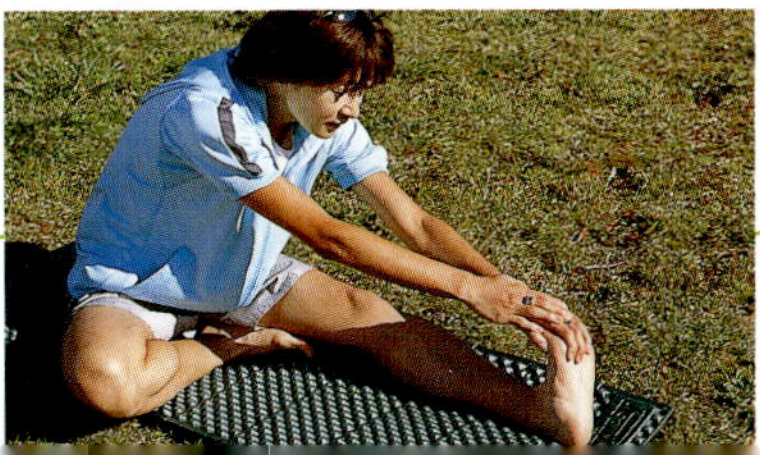

PART 4 トレーニング

走っているときに痛みが増したら要注意。休養もトレーニングのうち

ここに痛みを感じたら要チェック!!

ここに紹介した「痛みの場所・自覚症状・原因・対応」は、ランナーによく見られるケースを紹介したものだ。
もしもカラダに違和感を感じたなら、早期対応を心がけよう。痛みを感じたならば、自分で最終判断を下さずに、専門医に見てもらおう。

ランナーと障害

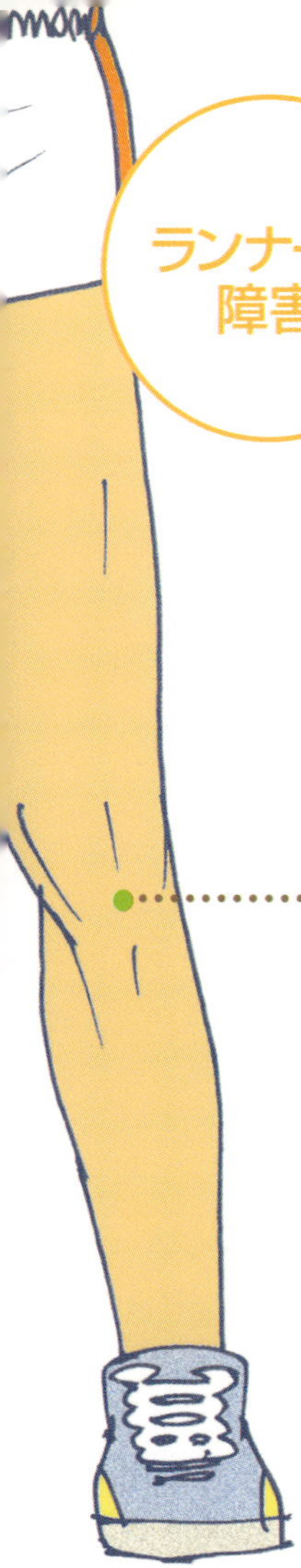

腸脛靭帯炎《ちょうけいじんたいえん》(ランナー膝のひとつ)

- **痛みの場所**➡ヒザの外側
- **自覚症状**➡ 10～20分走ると痛む。または下り坂で痛みを感じる
- **原因**➡腸脛靭帯の固い人、伸びない人に多くヒザの横あたりが痛む
- **対応**➡ランニングの中止、ストレッチング

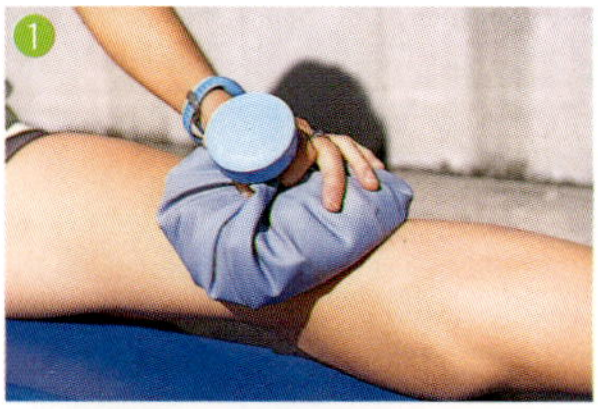

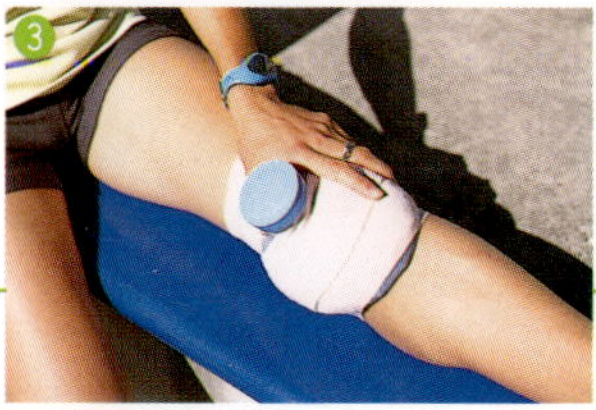

❶痛みを感じた場所にアイシングを当てる
❷包帯で包み込むように巻く
❸しっかり固定する

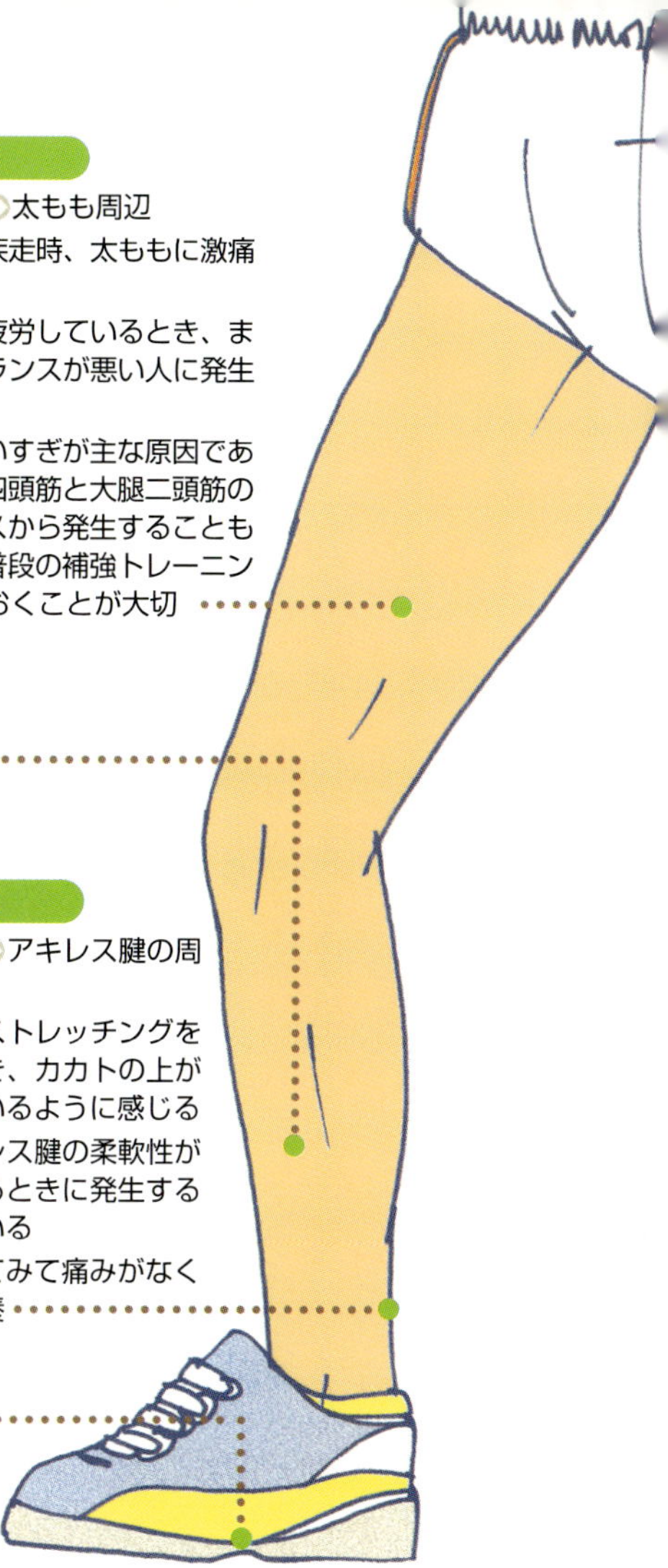

肉離れ

- **痛みの場所**⇨太もも周辺
- **自覚症状**⇨疾走時、太ももに激痛が走る
- **原因**⇨筋が疲労しているとき、また筋力のバランスが悪い人に発生しやすい
- **予防策**⇨使いすぎが主な原因であるが、大腿四頭筋と大腿二頭筋のアンバランスから発生することも多いので、普段の補強トレーニングで鍛えておくことが大切

シンスプリント

- **痛みの場所**⇨スネの内側から下半分（が痛む）
- **自覚症状**⇨症状が進むと、歩いても痛みが感じるようになる
- **原因**⇨シューズが柔らか過ぎるなど、不安定さで足関節が過剰に動き、足の過回内のために筋や腱がフォローしきれず炎症を起こす
- **予防策**⇨カカトが内側に倒れこまないような機能を搭載したシューズを選ぶ

アキレス腱炎

- **痛みの場所**⇨アキレス腱の周辺
- **自覚症状**⇨ストレッチングをしているとき、カカトの上が突っ張っているように感じる
- **原因**⇨アキレス腱の柔軟性が低下しているときに発生するといわれている
- **対応**⇨押してみて痛みがなくなるまで休養

足底腱膜炎《そくていけんまくえん》

- **痛みの場所**⇨足の裏
- **自覚症状**⇨走りはじめまたはランニング中に痛みを感じる
- **原因**⇨走りすぎなどによる、かかと付着部の炎症。足底の腱膜の柔軟性に乏しい足甲の高い人や、偏平足の人に多くみられる
- **対応**⇨足底筋の強化、ストレッチング、衝撃吸収性の高いシューズの使用

こんなとき、どうする?

走るほど痛みが増す

ランニング直後にアイシング

ランニング中に痛みを感じる。筋肉痛なのか？　それともほかに原因があるのか？　まず痛み出したら、その「痛みの種類」を見極めることが大切だ。

3日間休養しても治らないときは、専門医に診断してもらおう。ランニング直後であれば、炎症を起こしていることもあるので、応急処置としてアイシングを行う。

ただし、1時間以上もやってるのはあまり意味がないだろう。

アイシングとは、患部の温度を下げるために冷やすこと。冷やすのは、20分程度にして、即安静にする。

PART 4 トレーニング

練習内容に変化をつけて 気持ちとカラダをリフレッシュ

平坦なコースでゆっくり走る

ランニングを始めて間もない頃は、「無理なく、苦しくなく、気持ちよく」が基本になる。まだ筋力がついていないうちに長距離を走るのは、怪我や障害の原因ともなりかねない。したがって、繰り返しになるがスピードアップを目指すより、走る時間を伸ばしていく方を優先したい。

ゆっくりとしたテンポで走り、坂道などは避ける。つまり、平坦なコースを無理のないスピードで走ろう。

疲労には肉体的なものと精神的なものの2つがある

PART2（P28）では、走り始める第一歩として「毎日練習する！ぐらいの気持ちが大切」と説明したが、怪我や障害を未然に防ぐためには、休息日を上手にとることも大切だ。

疲労には、肉体的なものと精神的なものがある。毎日走るという人ならば、きつい日と軽い日をつくる。練習量や練習内容に変化をつけることでリフレッシュしよう。

いつもと違う場所を走ったり、仲間と一緒に走ったりすれば、精神的にもリフレッシュできる。

筋肉はおよそ72時間で変化していくもの

基本的には毎日トレーニングすることを目標にするが、痛みを感じるようなら休む。

また、練習量を減らすのか、完全に休

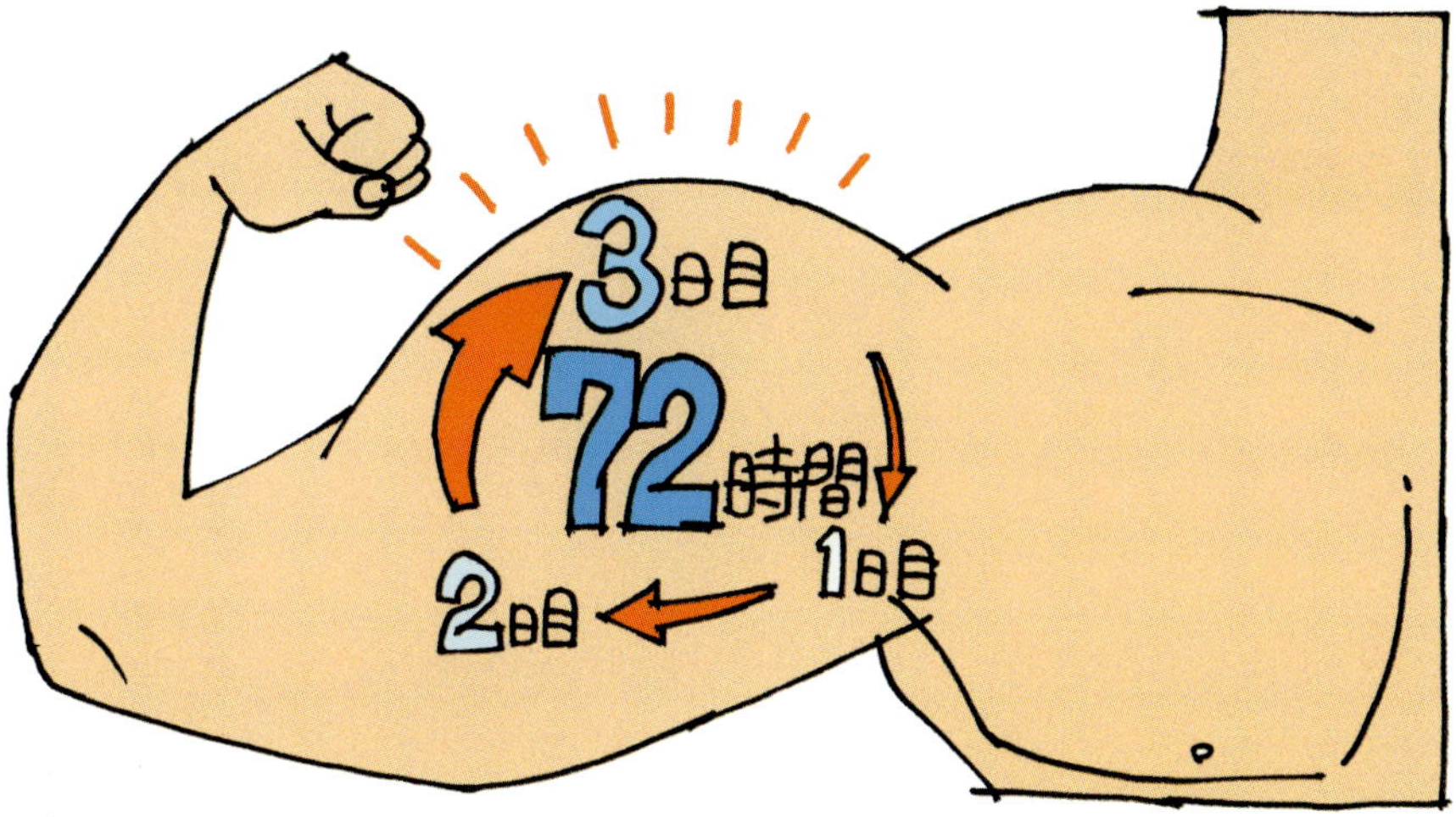

むのかといったことは、その時々の状況によって判断しなければならない。

痛みを感じたら、無理して走らないで歩くようにする。また、3日間は完全に休養をとって、それでも歩くときに痛いようなら、即刻医者に行くことが必要になる。

筋肉は72時間で変化していくといわれている。発達するのも治るのも72時間を要する。

つまり、炎症が治るのは、3日間（72時間）前後になる。**普通の筋肉痛ならだいたい3日間のうちで納まるが、3日間以上痛みが続いたら要注意だ。**

勝手な素人診断はたいへん危険。スポーツドクターやスポーツ整形外科医といわれる専門医に診断してもらおう。

WHAT筋肉痛?

人間のカラダは、足や腕を動かすとき筋肉が収縮する。強い収縮で筋肉が破壊されたり、疲労物質がたまり筋肉痛になる。また、筋肉の収縮による摩擦で炎症を起こして腫れることもある。

ローリング走法で重視される筋肉

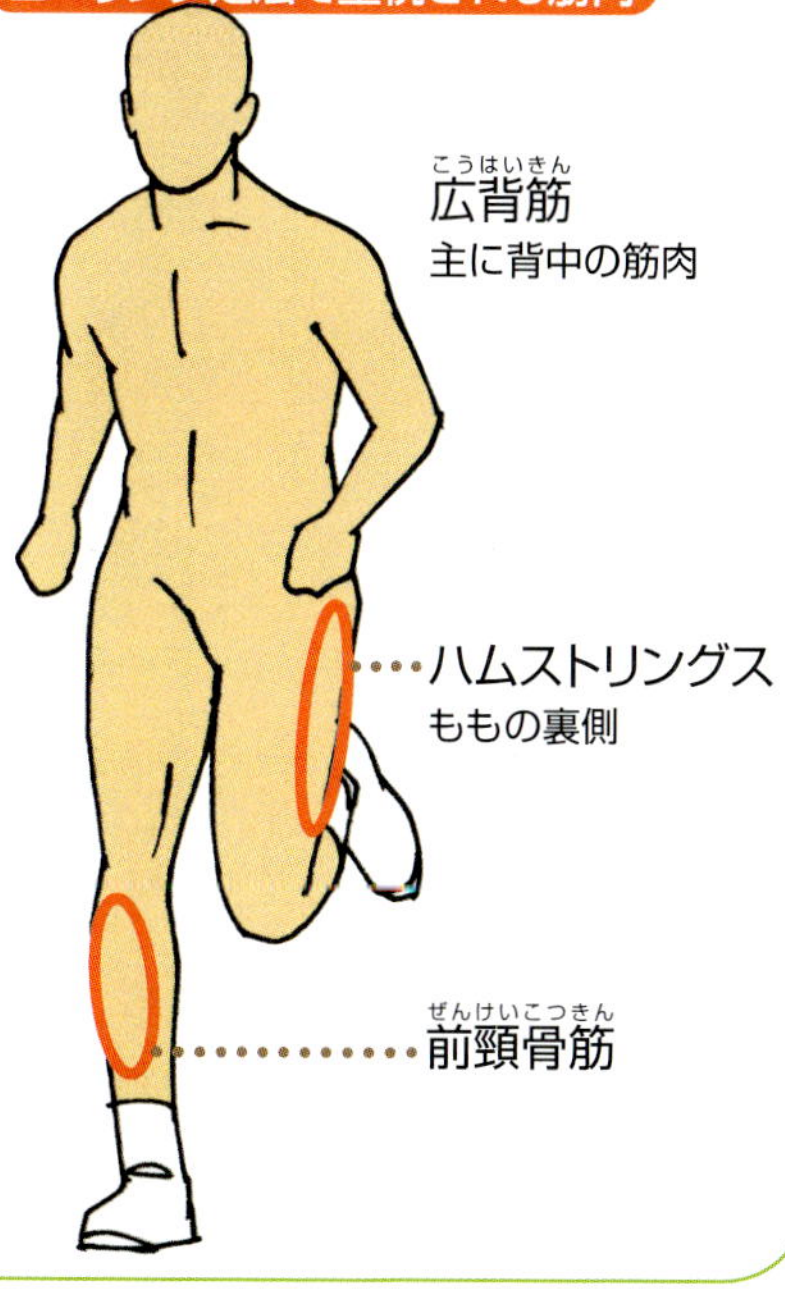

効率の良い筋肉を身にまとうために、補強トレーニングを行おう

PART 4

トレーニング

走りながら筋肉をつけ、補強トレーニングで磨きをかける

効率の良い筋肉をつける補強トレーニング

ランナーは、走るなかで筋肉を作っていくというのが1番だ。何しろ「走る」を目的にしているのだから、重量挙げの選手のように、何百キロといった重いものを持ち上げるなどの腕力は必要ない。筋力トレーニングなどで余分なところに筋肉をつけても意味がない。

ランナーは、走ることによって、自然と走るのに適したカラダを作っていく。

もっと効率のいい筋肉をつけたいなら、筋肉補強を目的としたトレーニングとして「補強トレーニング」**（p82参照）****が必要になる。**

具体的には腹筋や背筋、腕立て伏せ。そして、マシーンを使うなら「レッグカール」などでハムストリングを鍛えていく。

ランニングの練習プログラムに個人差があるように、人によって運動経験や体形も異なるので、鍛える箇所も違ってくる。

長い距離を走るには「赤い筋肉」が必要

ここで、筋肉について少し触れておきたい。人間のカラダには、「白と赤」の2種類のタイプの筋肉があるといわれている。

まず「白い筋肉」であるが、１００ｍ走など無酸素運動を中心としたスプリント選手の持つ筋肉で、「速筋」と呼ばれているものだ。これは瞬発力やジャンプ力といった面に優れている。

一方、赤い筋肉は「遅筋」と呼ばれているもので、マラソンなどの有酸素運動を中心にした選手が持つ筋肉だ。長い距離を走るなど持久力に優れている。

これを魚に例えると、白い筋肉が鮎や岩魚といった川魚で、赤い筋肉がマグロやカツオなど海の魚だといえる。ご存知のとおり川魚は白身であり、川の中をちょこちょこ動き回る。それに対してマグロは赤身であり、大海原を何百キロと旅をしながら泳ぐ。短距離選手が鮎（白身）で長距離選手がマグロ（赤身）なのだ。

マラソンを目標に走っている人なら、長距離走に適した「赤い筋肉＝遅筋」を身にまとうことを目指したい。そのためには、長い距離をゆっくり走ることが大切だ。

ランニング以外のスポーツで汗を流して、バランスのとれたカラダ作りを

また、ランニングを楽しむために、走るばかりではなく、他のスポーツ（身体運動）を取り入れるのも一つの方法。走らない日に、プールで泳いだり、サッカーやテニスで汗を流す。結果的に、ランニングの良い面を引き出してくれるはずだ。

体重が少ないほうがマラソンには有利！

体重の軽いほうがマラソンでは絶対的に有利になる。たとえば「Aは水が3リットル入ったボトル」で「Bは水が入っていないペットボトル」だとする。それを持って42.195㎞移動するとき、Bの方がエネルギーが少なくてすむのは誰しも想像できるだろう。

原理はこれと同じで、体重が軽ければ軽いほど消費エネルギーが少なくていいことになる。極端な話、選手になると体重を1、3、5キロと減らせば減らすほどタイムが良くなってくる。

ただし42.195km走るために必要な筋肉までも削ぎ落とすと、故障するに違いない。

マッサージは効果がある？

スポーツに限らず、カラダが疲れているときにマッサージを受けると、誰しも気持ちが良く、非常に快適と感じるはずだ。

とくに疲れた時はマッサージをお勧めする。また、入浴もマッサージ同様に精神的な疲労回復の効果が期待できる。

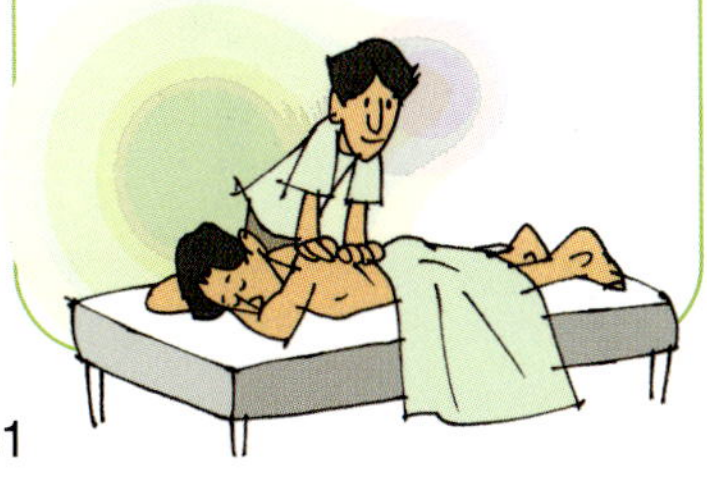

スピードトレーニングを行うために補強トレーニングも同時にスタート

片脚スクワットA

左右いずれかの脚で立ち、もう一方の脚を前に出す。その姿勢で脚の曲げ伸ばしを行う

両手を広げてバランスをとり、カラダがぐらつかないようにして、脚を曲げ伸ばす

補強トレーニングは故障の予防につながる

走り始めて2ヶ月を過ぎた頃からは、走る以外に補強トレーニング（筋力トレーニング）を、できる限り行ってほしい。

長距離を走るための筋力がつくとともに、マラソン完走はおろか、目指すタイムに近づくことができるからだ。

また、補強トレーニングを行えば、故障防止になるということも忘れてはならない。

PART5で紹介していくインターバルトレーニングなどのスピードトレーニングを行うには、それなりの筋力が必要になる。

つまり、強い筋力がないままに無理してスピードをアップすると、怪我を起こす可能性が高くなる。

Exercise 1

大腿筋を鍛えるトレーニング

スクワット

●ABCを10回ずつ、
脚を下ろさずに連続して行う
※両脚を1セットずつ行う

ポイント

- 上半身をまっすぐに立てて、ぐらつかないように注意する
- 両腕を開いてバランスをとる
- ヒザをしっかり曲げる

片脚スクワット B

左右いずれかの脚で立ち、もう一方の脚を横に出す。その姿勢で脚の曲げ伸ばしを行う

片脚スクワット C

左右いずれかの脚で立ち、もう一方の脚を後ろに出す。その姿勢で脚の曲げ伸ばしを行う

これから紹介する練習メニューは、どれも一人でかんたんにできるものばかりだ。最初は、回数など負荷を少なくして、徐々に多くしていくように心がけよう。

Exercise 1

大腿筋を鍛えるトレーニング

ピストン運動

●片脚ずつ、10回を1～2セット
適度な高さのテーブルなどにつかまり、片脚で立ちヒザの曲げ伸ばし運動（ピストン運動）を行う

ポイント

- 片脚を後ろに出して、もう一方の脚で曲げ伸ばしを行う
- 上半身がぐらつかないように腕で支える

ヒザを曲げてピストン運動 A

ヒザを曲げてピストン運動B

ポイント
- 片脚を前に出し、カカトは90度に曲げておく
- もう一方の脚の曲げ伸ばし運動を行う

ヒザを曲げてピストン運動C

ポイント
- 片脚を1曲げて前へ出したときは、もう一方の脚は伸ばす
- 片脚を2のように後ろへ出したときは、もう一方の脚は曲げる

腹筋A

仰向けになり、適度に両ヒザを曲げた姿勢で、両手を頭の後ろで組んで、上体を起こす腹筋運動を行う

ポイント

- 上半身を起こすというより、前で胸を丸めるような意識で行うのがコツ
- 上半身を起こすときは、おへそを覗き込むようにする
- 上半身を起こすのは、45度ぐらいが目安

Exercise 2

腹筋を鍛えるトレーニング

腹筋

●10回を1〜2セット

腹筋B

仰向けになり、適度に両ヒザを曲げた姿勢で、上体を完全に起こす腹筋運動を行う

ポイント

- 上半身を完全に起こす
- 上半身を起こすとき、両腕はカラダの前へ

腹筋C

仰向けになり、両腕をカラダの横に添えた姿勢をとり、両脚の上げ下げで腹筋運動を行う

ポイント
- 両脚をしっかり上げる（90度）
- 上げ下げの動作はゆっくり。左右にぶれないように注意する
- 腰が浮かないように注意する

腹筋D

横向きになり、片腕は前へ。片腕を頭に添えた姿勢をとり、両脚と上半身の上げ下げで腹筋運動を行う

ポイント
- 脚と上半身の上げ下げを同時に行う
- ヒザは軽く曲げておく

背筋A

うつ伏せになり、反るようにして上半身を起こす背筋運動を行う

ポイント

- 両手をあごの下に添える
- 上半身を起こした時点で、動きを止める

ポイント

- 両脚と両腕を肩幅程度に広げる
- 上げ下げの動作は、写真のように「右腕＋左脚」「左腕＋右脚」を交互に行う
- 頭を上げて、前方を見る

背筋B

うつ伏せになり、カラダを反るようにして脚と腕の上げ下げで背筋運動を行う

Exercise 3

背筋を鍛えるトレーニング

背筋

●10回を1～2セット

背筋C

うつ伏せになり、カラダを反るようにして脚と腕の上げ下げで背筋運動を行う

ポイント

- 両脚と両腕を大きく広げる
- 上げ下げの動作は、写真のように「左腕＋右脚」「右腕＋左脚」を交互に行う

Exercise 4

ふくらはぎ筋を鍛えるトレーニング

カーフレイズ

●カカトの上げ下げを
左右それぞれ20回。
左右いずれかの脚で立ち、
カカトの上げ下げを
ゆっくり繰り返し行う

ポイント

- カラダがグラつかないように、両腕でバランスをとる
- カカトをしっかり上げる（ゆっくり、確実に行う）
- 両脚を均等に行う

Exercise 5

上半身（腕や胸部）を鍛えるトレーニング

腕立て伏せ

●10回を1～2セット
肩幅程度に両腕を開いて、腕立て伏せを行う

腕立て伏せA

ポイント
- お尻が上がり過ぎないように注意
- 地面にあごがつくまで曲げる必要はない

腕立て伏せB

ポイント
- スムーズな動きで行う
- 地面にあごがつくまで曲げる必要はない

Exercise 6

お尻まわりの筋肉を鍛えるトレーニング

脚の振り上げ

● 10回を1～2セット
左右いずれかの脚で立ち、もう一方の脚の振り上げを行う

脚の振り上げ A

ポイント

- 脚を大きく前後に振り出す
- 立っている方のカカトは軽く上げておく
- 後ろへ振り出したとき、ヒザはしっかり曲げておく

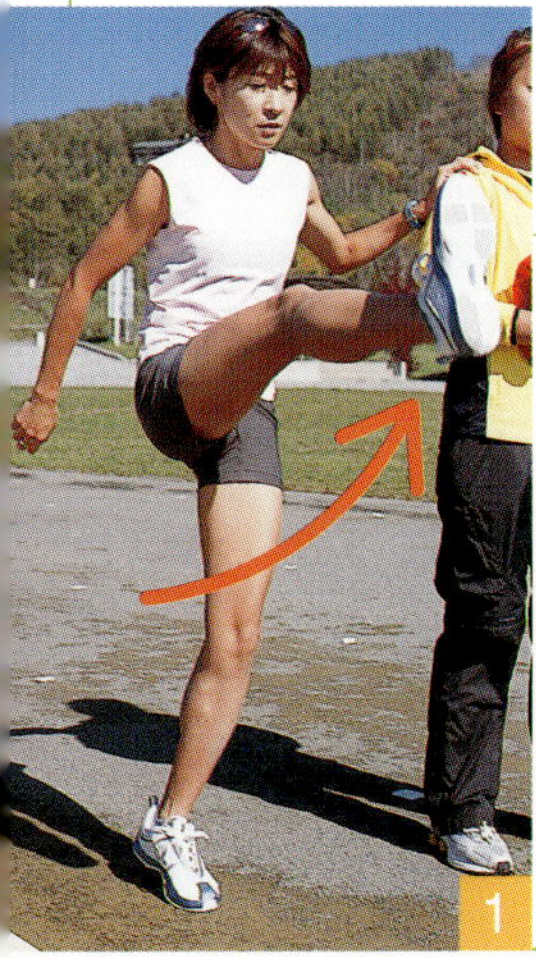

脚の振り上げ B

ポイント

- 脚を大きく前後に振り出す
- 1 で振り出す脚はしっかり伸ばす
- 2 でカラダをゆっくり伸ばす

Exercise 7

下半身を鍛えるトレーニング

下半身の補強運動

●Aは約20～30秒を1～2セット

●Bは片脚ずつ約20～30秒を1～2セット

下半身の補強運動 A

ポイント

● 下の写真の状態で20～30秒静止する

下半身の補強運動 B

ポイント

● 上の写真の状態で20秒～30秒静止する

PART 4 トレーニング

トレーニングは徐々に強い運動にして、最後に軽い運動で終えることが大切

ウォーミングアップで徐々に走れるカラダを

「時間がないし体調もいいから、今日は走るだけ」と準備運動を怠ったり、走った後に即着替えて出勤するなどしたら、いつか痛い目にあうだろう。

走る前のウォーミングアップと、走った後のクーリングダウンを欠かさず行おう。

走る前に行うウォーミングアップ、文字通りカラダを温め、これから始めるトレーニングの準備をしていくものになる。

とくに寒い日などは、いきなり激しい運動をすると腱などを痛めやすくなる。軽い運動でカラダをほぐして、怪我を未然に防ごう。

たとえば、いきなり走るとどうなるのか？　カラダ（筋肉）が酸素不足になり、心臓が急いで酸素を送り出そうとして、心拍数が急激に上がっていく。

しばらく走っていると心拍数がだんだん落ちてくるのだが、カラダに必要以上の負担をかけてしまうので、自分が持っている能力が出し切れない。

ストレッチングで脳を運動モードに

ウォーミングアップを行う狙いの一つに、カラダに加えて脳も走れる状態にする、ということがある。

いきなり走ったために、腱を切ってしまったり肉離れを起こしたり、大きな怪我をすることがある。これは脳が運動モードに入ってないのに、激しい運動をしたがゆえの結果ともいえる。

ウォーミングアップで「脳を運動モードに入らせる」ことが非常に重要になる。その運動モードに入るための方法のひとつが「ストレッチング」だ。

クーリングダウンは疲労回復を早める

クーリングダウンは、長時間のランニングによって、カラダにかかっていた負荷を徐々に下げて、効率良く疲労を回復させて、普段の状態に戻していくことが狙いとなる。

したがって、走り終えた直後はいきなり足を止めずに、ゆっくりと走るジョギングやウォーキングで息を整えるようにして、軽く動き続ける。

すると筋肉がほぐれ、トレーニングでカラダの中に溜まった乳酸が徐々に取り除かれて、疲労の回復が早まる。

走る前に行う

warming up ❶

ウォーミングアップ-1

アキレス腱のストレッチング

●片脚ずつ、約20～30秒

適度な高さのテーブルなどに両手でつかまり、脚を前後に広げて、腰を軽く落としながらアキレス腱を伸ばしていく。

モモの裏側のストレッチング

●片脚ずつ、約20～30秒

適度な高さのテーブルなどに、ヒザを曲げた状態で片脚を乗せる。両手を腰にそえながら、腰を軽く前へ押していく。そのとき、後ろ側の脚の裏側を伸ばしていく。

ワンポイント・アドバイス

ウォーミングアップはトレーニングの一部

ウォーミングアップは、軽い運動からはじめ、徐々に運動強度を強めていく（クーリングダウンは徐々に運動強度を弱めていく）。

たとえば今日の練習で5000mのタイムトライアルを予定していたとする。

最初は体操やストレッチングでカラダを動かし、次に軽いジョギングでしばらく走る。そして5000mを全力で走る。

この後はクーリングダウン。軽いジョギングで再び走り、最後に体操やストレッチングという感じで、徐々に運動を軽くしていく。

走る前に行う

warming up ❷

ウォーミングアップ-2

●片脚ずつ、約20秒～30秒

適度な高さのテーブルなどに片脚を乗せて、両手を腰にそえる。テーブルに乗せた脚側に、軽く上体を曲げながら、モモの内側とわき腹周辺を伸ばしていく。

モモの裏側のストレッチング

●片脚ずつ、約20～30秒

適度な高さのテーブルなどに、ヒザを伸ばした状態で片脚を乗せる。両手でその足先をつかみながら、モモの裏側を伸ばしていくという意識で、上半身を前へ倒していく。

モモの表側のストレッチング

●片脚ずつ、約20～30秒

直立した状態で、写真のように片脚を後ろ側に曲げて、両手でシューズの先をつかむ。両手でカカトをお尻に引き寄せるようにして、モモの表側を伸ばしていく。また、反対に両手でスネをつかみ脚を手前に引き寄せ、モモの表側を伸ばしていく。

モモの内側のストレッチング

●約20～30秒

相撲の四股（しこ）のように、腰をゆっくりと深く落として、両手は前で握る。できるだけ足先を外側へ向けて、モモの内側を伸ばす。内転筋を伸ばして、股関節の可動域を広げていく。

●約20～30秒

座った姿勢で、両足を曲げて股を開き、両手はつま先の前で組んでおく。モモの突っ張る感じが体感できるところまで、カカトを引き寄せる。内転筋を伸ばして、股関節の可動域を広げていく。

腰周辺のストレッチング

●片脚ずつ、約20～30秒

座った姿勢で背すじを伸ばし、写真のように片脚を曲げて、交差するようにおく。曲げたほうの足裏を地面につけ、伸ばしている方の足首は曲げない。曲げた脚を支えにヒジをいれてカラダを写真のようにひねる。そのとき、腰やお尻周辺の筋肉を伸ばしていく。

走る前に行う

warming up ❸

ウォーミングアップ-3

モモの表側と付け根のストレッチング

●片脚ずつ、約20～30秒

写真のように前の脚を深く曲げ、前後に大きく脚を広げた状態をとり、両手は手のひらが外側を向くようにして、カラダをしっかり支える。ゆっくり重心を前へ移動して、モモの表側とモモの付け根部分を伸ばしていく。

腕と背中周辺のストレッチング

●片腕ずつ、約20～30秒

立ったままの姿勢で、片手を曲げて頭の後ろに回し、もう一方の手でヒジのあたりをつかみ、写真の矢印の方向に軽く引っ張る。突っ張ると感じたところで止める。そのとき腕（上腕三頭筋）や背中（広背筋）を伸ばし、肩関節をほぐす。

走った後に行う

cooling down❶

クーリングダウン-1

モモの表側と付け根のストレッチング

●片脚ずつ、約20～30秒

仰向けに寝た状態で、片脚を伸ばしたままで、もう一方の脚のヒザを曲げて手をそえる。その手でゆっくり脚を下へ押す。そのときモモの付け根周辺の筋肉を伸ばしていく。

わき腹周辺のストレッチング

●片脚ずつ、約20～30秒

仰向けに寝た状態で、両腕を左右に開く。片脚は伸ばしたままで、もう一方の脚はヒザを曲げずに、写真のようにする。わき腹周辺の筋肉を伸ばす。

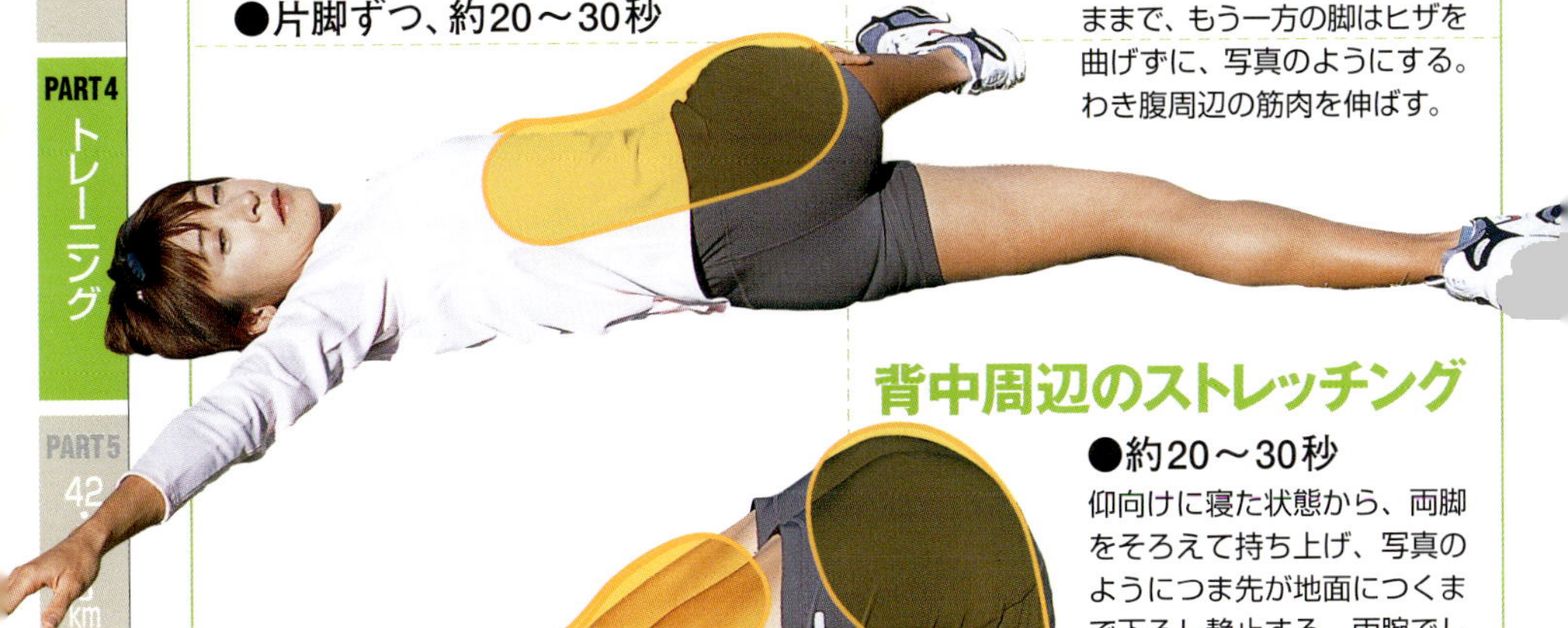

背中周辺のストレッチング

●約20～30秒

仰向けに寝た状態から、両脚をそろえて持ち上げ、写真のようにつま先が地面につくまで下ろし静止する。両腕でしっかり支えて、背中（上部）周辺の筋肉を伸ばしていく。

走った後に行う

cooling down❷

クーリングダウン-2

ぶらぶら体操

●約30～60秒

仰向けに寝たまま両腕と両足を前に出す。リラックスした状態で、両腕と両脚をブラブラさせて、疲れをとる。

腰周辺のストレッチング

●片脚ずつ、約20～30秒

仰向けに寝た状態から、片脚は伸ばしたままで、もう一方の脚を曲げる。曲げたほうの脚のスネあたりを両手でつかみ、脚をゆっくり引き寄せる。そのとき、腰周辺の筋肉を伸ばす。

モモの裏側のストレッチング

●片脚ずつ、約20～30秒

仰向けに寝た状態から、片脚は伸ばしたままで、もう一方の脚を写真のように上げる。両手で足首付近をつかみ、モモの裏側の筋肉をゆっくり伸ばしていく。

脚の横側のストレッチング

●片脚ずつ、約20～30秒

立った状態から両脚をクロスさせて、写真のように上半身をゆっくり曲げて、できるだけ両手でシューズを触る。そのとき、脚の裏側の筋肉を伸ばしていく。

上半身(横)のストレッチング

●片脚ずつ、約20～30秒

写真のように座った姿勢で、伸ばした方の脚の足首をつかむようにして、上半身をゆっくり倒す。そのとき、上半身(横)の筋肉をゆっくり伸ばしていく。

モモの付け根と内側のストレッチング

●片脚ずつ、約20～30秒

座ったままの姿勢で、片脚は伸ばしたままで、もう一方の脚を写真のように曲げ、両手で支えながら組んでおく。その状態でゆっくり脚を手前に引き寄せながら、モモの付け根と内側の筋肉をゆっくり伸ばしていく。

モモの裏側のストレッチング

●片脚ずつ、約20～30秒

座ったままの姿勢で、片脚は伸ばしたままで、もう一方の脚を写真のように上へ持ち上げる。片手でカカトをつかみ、もう一方の手で足首あたりを支える。そのとき、モモの裏側の筋肉をゆっくり伸ばしていく。

脚の表側のストレッチング

●片脚ずつ、約20～30秒

仰向けに寝たままの姿勢で、片脚を伸ばし、もう一方の脚を写真のように曲げておく。両腕を伸ばして頭の上におき、その姿勢で20～30秒静止して、曲げた方の脚を伸ばしていく。

走った距離や練習内容に、自己判断を加味して、日記をつけて体調管理

カラダの調子に加えて精神的な部分も記録しておく

自分の調子を見極めるために、手作りのランニング日誌に「さまざまな自分」を記録しておくことをおすすめする。

練習内容はもちろんのこと、体重、血圧、睡眠時間などの数字を書き込み、食事の内容まで触れておくと良い。

さらに「1、2、3、4、5」と5段階の評価をつくり、その日の体調を自分なりに判断し記録しておく。「1が絶好調」「2は調子が良い」……「4は調子が悪い」「5は痛みがあり走れない」という具合だ。カラダの調子ばかりではなく、精神的な部分（気持ち的なもの）も含めて、これらをつけておくと体調の変化をつかむことができる。

体重や血圧などの数字だけで、万全だから今日は強いトレーニングをいっぱいやるぞ、とは必ずしもいかない。

体調は悪くないけど、やる気が起こらないという日もある。もしも監督やコーチといった指導者ならば、精神的なものを加味して、練習を組み立てていかなければならない。

自分の体調を知る方法

自分の体調を知るモノサシとして「**体重、血圧、安静時の心拍数**」があげられる。

●**体重**であるが、通常1ヶ月で1割減ったら注意しよう。暑い時期にたくさん走れば、一時的に3〜4キロぐらい減ってしまうことがある。目安のひとつとして、毎朝、排尿後に体重を計ってみよう。それで1ヶ月で60キロの人が6キロ以上減っていたら、練習や食事に問題がある。

●**血圧**であるが、低血圧の人はとくに問題ないだろう。それに対して普段から高血圧の人は、急に激しい運動をしないように気をつける。年齢によって異なるが、最高血圧が180を超えたら運動はやめる。

●**安静時の心拍数**であるが起床時に計っておくとよいだろう。著しい変化があるときは要注意だ。

ランニング日誌で体調管理

○○○○年○○月○日　○曜日

天候　　　　気温　度

体重　kg　　血圧　mmHg

安静時の心拍数　　回

体調の自己評価

①絶好調　②調子が良い　③普通　④調子が悪い　⑤痛みがあり走れない

コメント

右側のヒザが、痛み出してから3日目。走っているとだんだん痛くなる。

氷で冷やすと気持ちがいい。

朝、起きたときは痛みがない。

トレーニング内容

ウォーミングアップ	○○分		内容	ストレッチ中心
ウォーキング	○○分	km	コース	○○公園
ジョギング	○○分	km	コース	○○川の遊歩道
クーリングダウン	○○分		内容	ウォーキング
補強トレーニング	○○分		内容	腹筋、背筋
タイムトライアル	○○km	分	コース	○○公園の周回コース
インターバル	○○○m×○本		コース	○○公園の周回コース

コメント

ジョギングのなかで、300mダッシュをしてみた。この次は500mを目標にしたい。

腕が振れていないので、腕振り練習を少しやってみた。

食事内容

朝食	○時頃	○品目	メニュー	パン、卵1個、ハム、牛乳
昼食	○時頃	○品目	メニュー	ミートソース、コーヒー
夕食	○時頃	○品目	メニュー	ご飯、味噌汁、焼き魚、サラダ

コメント

今日は会議があったので、昼食が午後3時になってしまった。

多少、胃がもたれ気味。

PART-4
トレーニング
まとめ

トレーニングする時間に比例させて栄養と休養をしっかりとる

念には念。ウォーミングアップに時間をかける

　トレーニングを続けてきた結果、走るカラダができてきた。しかし、20分、30分……60分と走る時間が長くなってくると、当然カラダに対する負担が大きくなってくる。

　トレーニングの効果を確実に上げつつ、怪我や障害を起こさないために、ウォーミングアップとクーリングダウンにかける時間を考慮して、トレーニングタイムを組み立てよう。

　トレーニングの量に比例させて、しっかり栄養を摂る。

　もしも、どこかに痛みを感じたならば、すぐに練習は即刻中止をして休養をとる。休養もトレーニングのうちだ。

Part 5

目指せ完走！

42.195kmに挑戦

2ヶ月で、60分間走れる力が身についたら、
もう少しレベルを上げたトレーニングを開始したい。
少しでも早くゴールに到達できるようにスタミナをつけ、スピードアップする。
目標の完走タイムは「4時間以内」。
まったく大会で走ったことがない人でも、あと4ヶ月がんばれば、
きっと「42.195km」を走り切れるに違いない。

PART 5
42.195kmに挑戦

変化に富んだインターバル・トレーニングでマラソンに必要な心肺機能や筋力を高める

スピード強化に欠かせないインターバル・トレーニングは、できればトラックで行いたい

速く走る練習を短い距離の中で行う

「大会で完走する」あるいは「目標タイムを切りたい」となれば、日々のトレーニングで、なるべく長い距離を走ることが必要になる。

そして、長い距離をできるだけ短い時間で走ることが理想になるだろう。

けれども、それを実行するのはレース本番に限られる。なぜなら、その人のレベルにもよるが、たとえば「42㎞を4時間切るぐらいのペースで走る」という練習を毎日やっていったら、精神的にも肉体的にも壊れてしまうからだ。

そこで、トレーニングを工夫してほしい。たとえば長距離ランナーの代表的な練習法に「インターバル・トレーニング」というものがある（詳細はp118参照）。

その練習内容は、距離が長いとなかなかできない「速く走る練習」を、短い距離（決められた距離）の中で行うというものだ。短い距離を速く走ることで、結果マラソンに必要な心肺機能や回復力（最大酸素摂取能力、後述）、筋力を高めていくのである。

毎日の練習を工夫することが大切

ランニングを始めて2ヶ月を過ぎた頃からは、トレーニングにも変化をつけたい。

長い距離をゆっくり走るジョギングの日もあれば、スピードをアップしたインターバル・トレーニングの日、筋力を鍛える補強トレーニングの日など、トレーニングにメリハリ（強弱）をつけることが大切だ。

トレーニングの目的は自分に足りないものを強化すること

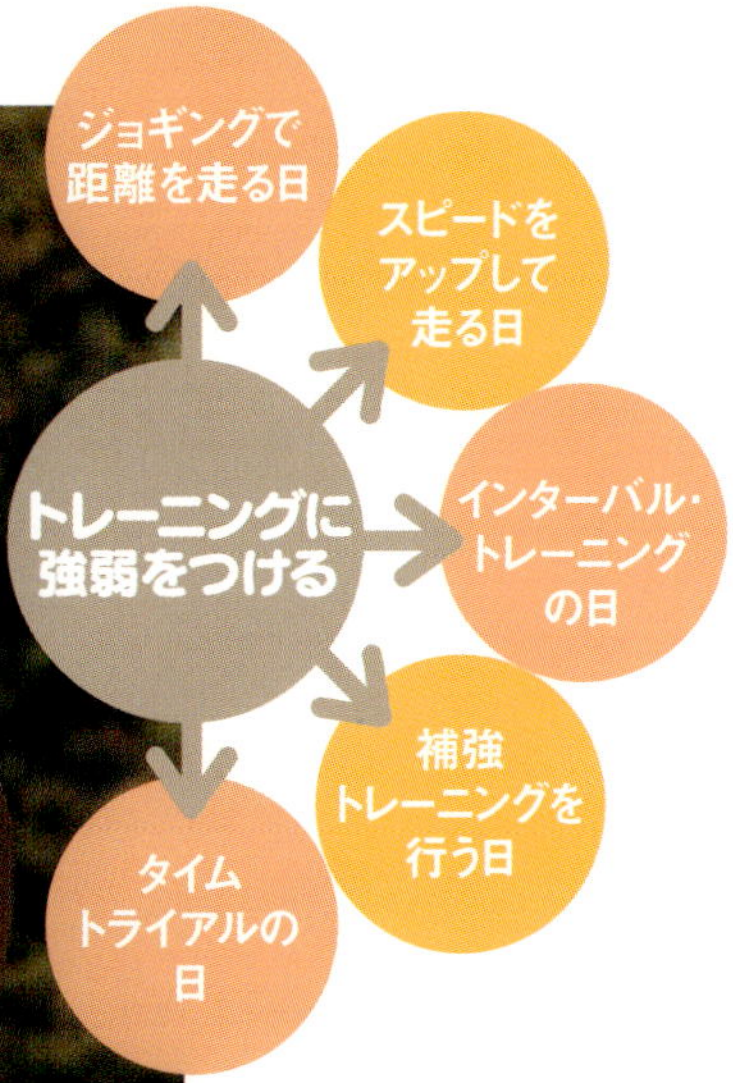

谷川真理流

トレーニングの工夫

❶身近にいるライバルに負けたくないから、と闇雲に走るのはおすすめできない。

❷自分の長所や欠点を知る努力を心がける。

❸トレーニングの狙いを把握し、自分の実力に合った練習メニューを組む。

●心肺機能が弱い人の場合
インターバルトレーニングを多く取り入れる。

●筋力が弱くて足がもたつき走れなくなってしまう人
筋トレを中心にするなど工夫してほしい。

スポーツ心臓こそ、長距離を走るエンジンに相応《ふさわ》しい

長い距離を速く走るための3つのポイント

マラソンと言われて、誰しも思い浮かべるのが持久力だろう。言葉自体の意味は、『そのままの状態を長く続ける能力』となるが、ランニングにおいてのそれは『長い距離をより速く走れる力』と理解しておけばよいだろう。

「長い距離をより速く走る」を達成するには、最大酸素摂取能力を高めること。そして、筋力をアップすること。さらにエネルギーの貯蔵率を高めるということがポイントになる。

激しい運動をするにはより多くの酸素が必要

最大酸素摂取能力というのは、かんたんにいえば「酸素をいかに多く取り入れ

て、カラダ中に送ることができるか」という、酸素を運搬する能力を指している。酸素を取り込む能力と、取り込んだ酸素を筋肉に伝達する能力であり、スタミナの指標にもなっているものだ。

なぜ最大酸素摂取量を高めていくことが必要？

運動は「走る」に限らず、筋肉が収縮することによって行われる。たとえば走るときは、当然歩くよりも筋肉の収縮が激しく、長く行われる。そのとき人間のカラダは、より多くの酸素を必要とするのだ。逆に言えば、酸素を送り込まなければ、激しい運動ができなくなる。

その酸素は、血液中のヘモグロビンが全身筋肉へと運んでくれる。だから全力で走るといった激しい運動をするほど、血液をどんどん送り出そうとして、心臓の動きが早まる。

トレーニングで心臓が大きくなる？

それに対して、人間のカラダには順化する能力（環境に適応した性質になる）が備わっている。日々のトレーニングで、心臓の動きが早まるようなきつい運動を続けていると、次第に激しい動きに耐えられるカラダになっていく。心臓が「速く動かす」から「1回で多くの量を送り出す」に変わってきて、心臓がだんだん大きくなる。

一般にトレーニングによって大きくなった心臓を「スポーツ心臓」と呼んでいて、それはマラソンを走るためのエンジンなのだ。

一見、速く走れそうなAさんだが
実はBさんの方が速く走ることができる

70から40へ。心拍数が減るほど、マラソンに適したカラダになっていく

走る前
心拍数70
800m走後
120‥…か
ハァハァ
ハァハァ
800m走を毎日続けて
一週間後
ダッシュ後でも110……トレーニングの効果だな

心拍数を目安にトレーニング効果を考える

特別な施設や環境がない限りは、最大酸素摂取能力の正確な数値を測ることができない。しかし、トレーニングの中で、心拍数（手軽に計るには手首の脈拍数で代用）を目安に使う方法がある。

心拍数とは、1分間に刻む心臓の収縮回数のことで、一般の人なら朝起きた直後に計ると60～70前後になるだろう。それがマラソン選手の場合、心拍数が安静時で40前後である。

しかし、一度走りを始めるとその数字が急激に上がってくる。なぜなら激しい運動をすると筋肉が酸素不足になるので、心臓が血液を送り出そうとして、動きが早まるからだ。

トレーニングによって、徐々に心臓が大きくなってくれば、1回に送り出す血液の量が増えてくるので、心拍数が下がるのだ。

練習に結びつけて心拍数を計ろう

ポイントになるのが心拍数の計り方だ。ただ心拍数を計ってもあまり意味がない。「Aというトレーニングに対して心拍数がいくつ」というように練習と結びつける。

たとえばA、B、Cという3つのトレーニングがあったとする。それぞれ練習後に計った心拍数が「A＝150、B＝130、C＝120」。1ヶ月後、トレーニングを続けた結果、同じように計ったとき「A＝140、B＝120、C＝110」と心拍数が落ちたならば、間違いなくトレーニングの効果が出たといえる。

時計を見ながら、1分間で何回脈を打ったか計ってみよう。朝起きたとき、練習開始前、練習メニューによって計るなど、こまめに心拍数をチェックすることで、自分の能力を客観的に知る手立てとなる。

ワンポイント・アドバイス

現在は、専用のハートレートモニターという機器を使えば、手軽に心拍数を計れるので、利用するとよい。

安静時の心拍数はいつ計る?

安静時の心拍数は、朝起きて布団から出る前に計る。その数字が60、50と落ちていき、40ぐらいになればスポーツ心臓になっている証拠。また、いつもは40だけれど急に45、47になるときがある。そういうときは風邪をひいていたり、体調が悪いときだ。

PART 5
42.195kmに挑戦

走るための筋肉とエネルギーを日々のトレーニングで増やす

重量上げの筋肉ではない走る筋肉を鍛えていく

最大酸素摂取能力が高いだけでは、長い距離を速く走ることはできない。当然、鍛えられた筋肉が必要だ。

その筋肉とは、重量上げの選手のような筋肉ではなく、脚を速く動かす筋肉だ。長い距離を走るために、まずは走りながら筋肉を鍛えていくことが基本になる。

走る筋肉を支えている補助の筋肉もある。けれども、その補助の筋肉 というのは走るだけでは鍛えられない。

そこでスクワットをしたり、ジムなどでトレーニングマシーンを使いながら、いわゆる補強運動（p80参照）を行い、筋肉を鍛えておくことが必要になる。

いずれにしても「自分の弱点を補う」という視点でトレーニングをしていこう。

走るために必要な筋肉とは、重量上げの選手のような筋肉ではなく、脚を速く動かす筋肉だ

ガス欠にならないようにガソリンタンクを大きく

筋肉を鍛えるということは「より速く、より長い距離を走る」ためにエネルギーの貯蔵率を高めるというポイントがある。

実際に長い時間走り続けるランニングでは、カラダの中に蓄えられたエネルギーを、効率良く使っていくことが大切になる。

走っているとき（運動時）のエネルギー源は、主にカラダの中に蓄積されているグリコーゲンと脂肪が使われるが、まず走り始めにグリコーゲンが消費され、それを使い果たすと、徐々に体内の脂肪がエネルギーとして使われるようになっていく。

35kmの壁を克服するカラダ作り

一般的には走り続けると15分～20分程度は主にグリコーゲンが使われ、その後は脂肪が併行して使われるといわれてい

目指せ完走 42.195km

走り始め（15分〜20分）
➡グリコーゲンがエネルギー源

▼

20分経過後
➡脂肪＋グリコーゲンがエネルギー源

▼

トレーニングと食事で42.195kmを走り切れるエネルギーを貯蔵

▼

トレーニングで消費エネルギーを抑えるカラダ作り

▼

走りながら筋肉を鍛えていくのが基本

▼

「自分の弱点を補う」という視点でトレーニング

る。よく「20分間以上運動しないと痩せない」と言われる理由はそこにある（詳細はp156〜参照）。

マラソンを走るとき、これらエネルギーの貯蔵量が多ければ多いほどよいということになる。よく「35㎞の壁」という言葉を耳にするが、その多くはエネルギー切れで走れなくなるからだ。

車で言えばガス欠状態だ。だからガソリンタンクを大きくする必要があり、また、消費エネルギーを抑えるカラダ作りが大切になる。

それは特別なトレーニングをするというより、毎日のトレーニングの積み重ねで、自然と可能になる。

ここまで、「長い距離をより速く走る」ために必要なポイントを、

①最大酸素摂取能力（酸素運搬系）を高める

②筋力をアップする

（走りの体型にする）

③エネルギーの貯蔵率を高める

の3つに絞り説明してきた。

そこで、ここから先はその能力を高めるためのトレーニング法を紹介したい。

5㎞のタイムトライアルを行い、明日からの練習メニューを組み立てる

5㎞のタイムトライアルで、実力を知り練習メニューを立てる

5㎞を何分で走れるかで、練習メニューを決めていく

60分間を苦もなく走れるようになったなら、そろそろマラソンに向けて本格的な練習をスタートしよう。

ＰＡＲＴ4までの2ヶ月間と、これから紹介するトレーニングを4ヶ月間。合わせて約6ヶ月間の準備期間があれば、まったく走ったことがなかった人でも、4時間以内でフルマラソンを完走できる。

ここから先は自分のレベルアップに応じて、トレーニングメニューを組むことが大切になる。

そこで、「現在の自分」の実力を知るために、あらかじめ距離を測っておいたコースを使い、5㎞のタイムトライアルに挑戦しよう。

怪我などしないように、いつもより入念にウォーミングアップを行ってから（詳細はｐ94～98参照）、いまの自分にとって、限界と思われるペース（スピード）で走ってみる。

そのとき5㎞を「何分」で走れたか、そのタイムを基準にして、それを目安に練習メニューを組んでいく。

3ヶ月前から走りはじめた友人が、20㎞走をやっているからといって、決して同じ練習をしない。それは怪我のもとである。

2週間に1度の5㎞走で練習内容を変更

5㎞を何分以内で走れたか？　それによって練習内容が変わってくるのだが、基準となるタイムは以下の数字になる。

①24分以内で走れた

5km走＝タイムトライアル

24分 以内で走れた → 練習 **A**
1 2週間で150km走る
2 体調が良ければ20km走
＊月間にすると300kmペースは、5km24分

28分 以内で走れた → 練習 **B**
1 普段は10km走を行う
2 週1回、インターバル走
＊800m走を5本行う

28分 以上かかった → 練習 **C**
60分間走（10km）を行う
＊途中で500mくらいスピードをあげてみる

ポイントトレーニング

20km走 ビルドアップ
ゆっくり走り出し、
徐々にペースをアップしていく

20km走 タイムトライアル
5km24分のペースで
最初から最後まで走り切る

②28分以内で走れた ③28分以上かかった

まず①の「24分以内で走れた」ならば、もう上級コースの練習をおすすめする。このレベルの人は、走りこむことが大切になるので、2週間で150km（月間で300km）を走ることを目標にしたい。

次に②の「28分以内で走れた」という場合は毎日の練習で「10km走」を行い、週1回のインターバル・トレーニングをおすすめする（詳細はp122参照）。

10km走の中で500mスピードアップ

③の「28分以上かかった」という人には、②と同様に「10km走」を毎日行い、その途中で500mぐらいスピードをあげて走ってみる。

これらはあくまで目安のひとつだが、大切なことは「2週間に1度」、この5kmのタイムトライアル走を行うこと。

そして、自分のレベルを把握して、練習メニューを決めることだ。③であった人が、2週間後に②になったならば、練習もそれにあった内容に変えていこう。

60分間ジョギングのなかで、500mだけスピードアップして走る

スピードアップをしてもフォームが崩れないように
4

息がハアハアいうぐらいの走りを行う
5

背すじを立てて、まっすぐ脚を振り出す
7

基本はジョギングと同じ。腕をしっかり振る
8

走りやすい場所を見つけて500mだけ思い切り走る

走り始めて2ヶ月あまり、5㎞のタイムトライアルを行えば、28分以上はかかるのは当然のことだろう。

そこで、それから2週間のメインとなるトレーニングは「10㎞走」になる。この数字だけ聞けば、「もう、大変だ！」と思ってしまうかもしれないが、これは60分間走ることで、ほぼクリアしている距離なのである。

日頃から走っているコースの距離を調べておき、準備運動を行った後に走り出そう。

今までの60分間走と違った点は、コース途中の走りやすい場所で、およそ500m、意識的にスピードを上げて走ってみることだ。

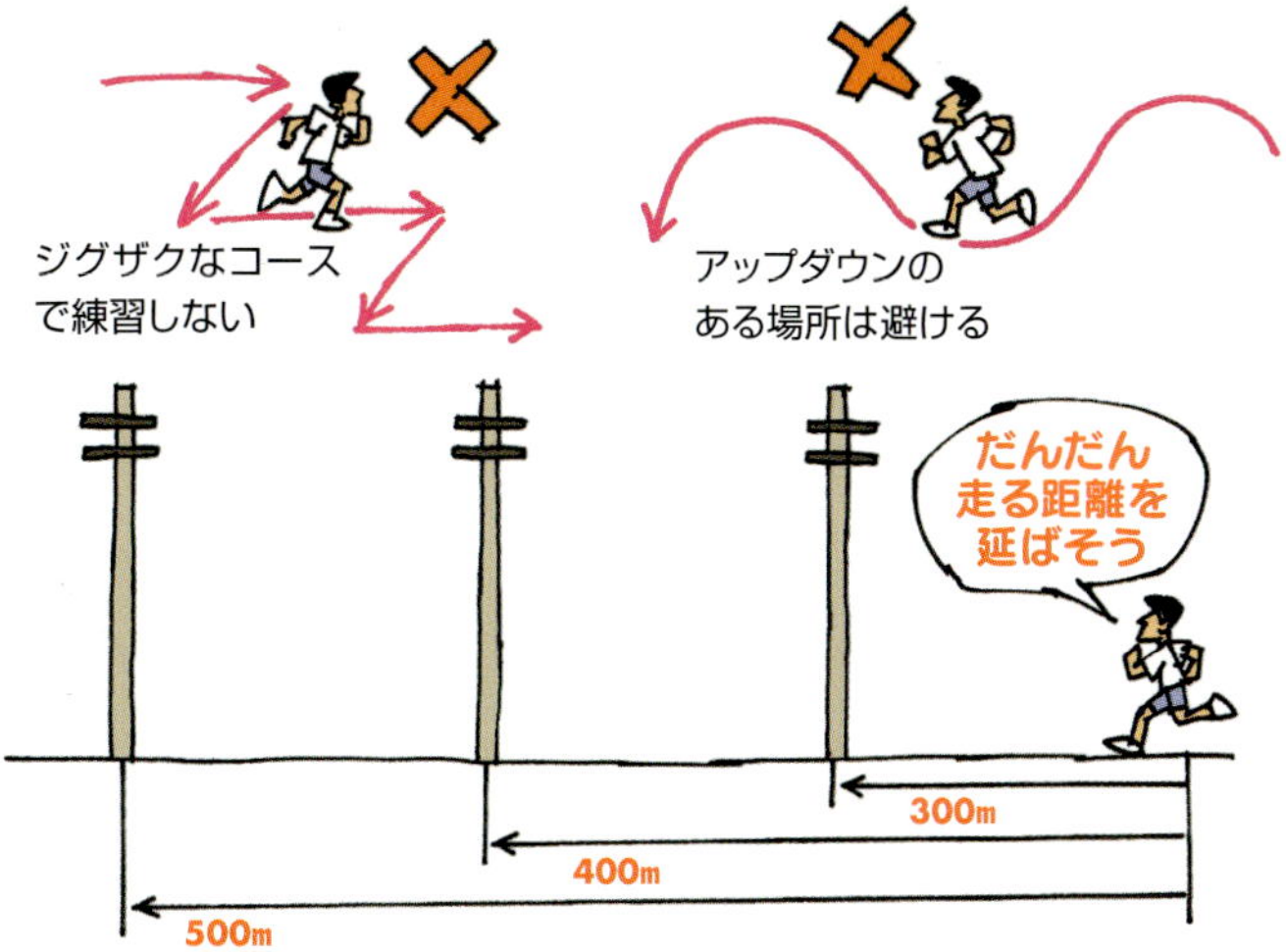

最初は電柱2本分。3本、5本と徐々に

始めの頃は、500mきちんと全力で走らなくても構わない。無理ならば道路わきに立っている「電柱2本分だけ思い切り走る」というのでよい。

大切なことは、電柱○本分を全力で走るというトレーニングを続けていくことにある。

徐々に電柱3本、その次は電柱4本分と距離を伸ばしていくようにしよう。そして、2週間を目安にして500m走れるようになればOKだ。

そのとき息がハアハアというぐらいの走りを行うこと。距離を徐々に伸ばすことで、息をハアハアさせる時間を長くし、マラソンを完走するための心肺機能を高めていく。

実際、この方法は「インターバル・トレーニング」の導入練習になるので、多少きついと感じても、続けることが大切だ。苦しくても、頑張りがきく走りが身につく。

週1回のインターバル・トレーニングでペース感覚を磨き、持久力をアップする

距離や時間、休息の長さや本数を変えバリエーションに富んだ練習を

p114～115でも説明したように、5kmのタイムトライアルを28分以内で走ることができたならば、そのあとの2週間の練習メニューは、まず毎日のトレーニングメニューとして10km走を行い、週1回を目安にインターバル・トレーニングを行う。

日々の練習になる「10km走」は、いままで通り無理のないペース（ジョギング）で走る。もちろん前頁で紹介した「10km走のなかで、500mをスピードアップする練習」を取り入れてもよい。

自分のレベルを超えた練習にならないように注意すれば、トレーニングに変化をつけることも大切になる。

谷川真理の練習コース

私の練習コースは上野公園、皇居、東宮御所、神宮外苑、代々木公園、代々木の400m競技場、北の丸公園……。全部で7つぐらいです。「今日はどこを走るか」というのは、その日のトレーニングメニューによって変えていきます。

例えば2000m以下のインターバル・トレーニングをやりたいときは、距離を把握できる代々木の400mの競技場に行きますし、時間がないときは北の丸公園で800mのインターバル・トレーニングをやります。

どのコースを走るかは、朝か昼かの時間帯によっても違ってきます。

私の場合は、仕事の空いている時間にトレーニングをやっているので、朝しかトレーニングができないときは、皇居まで5km、皇居2週で10kmの持久走をやって、戻ってきます。

1日に2回練習できるときは、朝60分ぐらい軽く走って、午後からインターバルを走るなどしていますね。

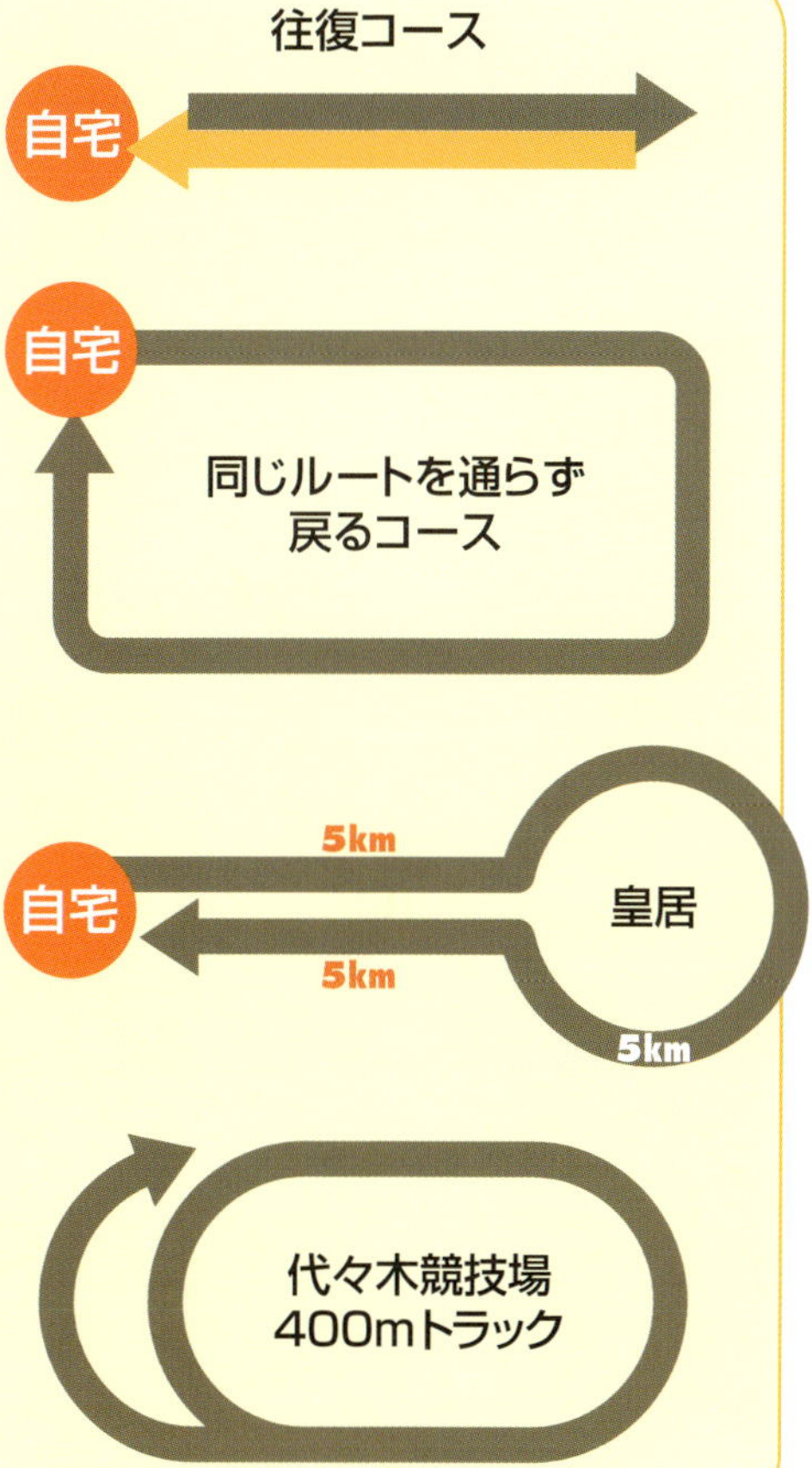

そこで、新たに取り入れる練習が、週1回行うインターバル・トレーニングだ。

走る距離や時間、休息の長さや本数などを変えることで、バリエーションに富んだ練習ができる。普段、一定のスピードで走ることが多いので、トレーニング変化をつけることも可能になる。

それは、ペース感覚を磨いたり、持久力をアップさせタイムを短縮させることにもつながる。

スピードを上げて、呼吸をハァーハァーさせることで持久力を強化

スポーツ心臓を作ることが練習の狙い

インターバル・トレーニングの狙いは、心肺機能を高めることだ。

距離を決めスピードを上げて走ることで、呼吸をハァーハァーさせる。できるだけスピードをアップ（運動を激しく）して、インターバル・トレーニングを続けることで、パフォーマンスが上がる。

また、インターバル・トレーニングは、疲労を回復する力も同時に高めることができる。休んでいる間に、どれだけ早く心拍数が平静時の状態に戻るか。その回復能力も自然に高まってくる。

世界で活躍するようなトップ選手たちが行う、谷川真理も日頃から行っている練習法を紹介しよう。

インターバル・トレーニング

思い切り走る
呼吸をハァーハァーさせる
最大心拍数「標準＝220－年齢」近くまで上げていく
こんなに速く動かすなんて大変だ
これ以上速く動かすのは無理
1回に送り出す血液の量を多くしなきゃいけない
筋肉の末端まで血液が送り出される
心臓が大きくなる！

谷川真理流

インターバル・トレーニングの練習コース

1. 起伏がない平坦コースで行う
2. 信号がないコースを選ぶ
3. 距離が分かる周回コースを探す

⇒トラックがベスト。なければ公園の周回コースを見つけておく

4. 危険が少ない（車が頻繁に通ったり、人などにぶつからない）、安全なコースで走る
5. 明るい場所で行う

起伏の少ない安全なコースで走ろう

距離を決めて行うインターバル・トレーニングをする場所は、やはりトラックがおすすめだ。

しかし、公共の陸上競技場など、なかなか手ごろな練習場がないという人は、公園の中など距離の分かる周回コースを探そう。公園など適当な周回コースもない人は、普段走っているコースを利用しよう。

ポイントは坂や起伏のないコースで、信号もなくて、もちろん車の通らない場所を選ぶこと。思い切り走るので、人にぶつかってしまうような場所は避けるなど、安全には十分注意をはらってほしい。

そして、足元が暗いと危険なので、練習はできるだけ明るい場所（昼間）を選んで行ってほしい。

トレーニング例

800mを3本走る場合のやり方

→ みたび800mを思い切り走り、終了

→ 再び止まらずに200mまたは400mをゆっくり走る → みたび800mを思い切り走る → 200mまたは400mゆっくり走り終了

インターバル・トレーニングで、スピードを維持する能力をアップする

800mを走り、400mをジョギングでつなぐ

インターバル・トレーニングを始めるからといって、はじめは極端にきつい練習をしないほうがよいだろう。

トレーニングの組み合わせは様々であるが、まったくインターバル・トレーニングをやったことがないという人なら、**はじめは「100mダッシュを5本走る」というのでも構わないだろう。**

それに対して、かなり走りこんでいる人なら、「800mを3本走る」という練習からスタートしたい。

800mを3本走る練習の場合でも何パターンかの方法があって、たとえば上記のトレーニング例1のように思い切り走り、休んでから再び走る（それを繰り返す）方法と、トレーニング例2のように思い切り800m走った後をゆっくり走ってつなぐ（それを繰り返す）方法がある。

今の自分の力をすべて出し切った走りを

トラックでの練習ならば、例2のインターバルを行った場合は、1周400mのコースが多いので「2周を全力で走って1周ゆっくり走る」というものになる。ジョギングをして息が整ったら、再び走りはじめる。

「800m走り＋200mまたは400mゆっくり走る」を1セットとして、全部で3セットを行うと、これだけで走った距離は3000（3600）mになる。5セット行えば、5000（6000）m走ったことになる。

走り方のポイントは、持っている力を

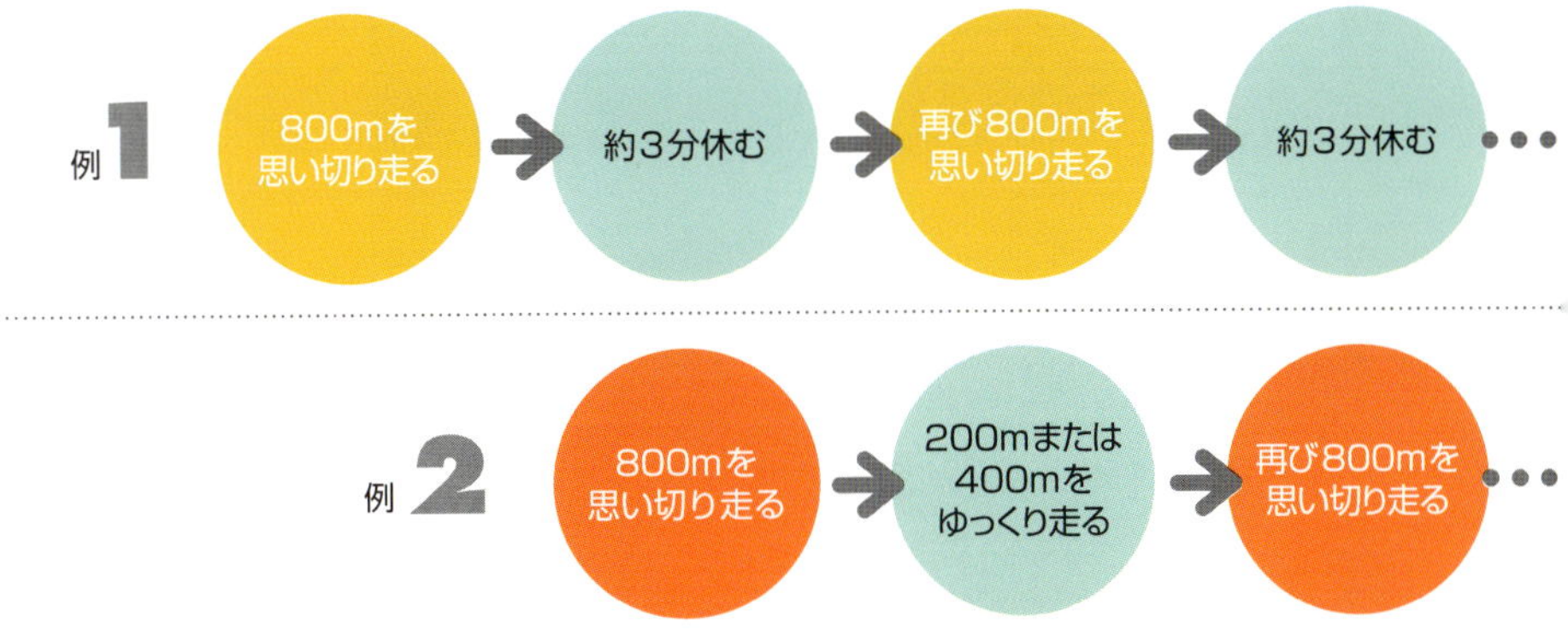

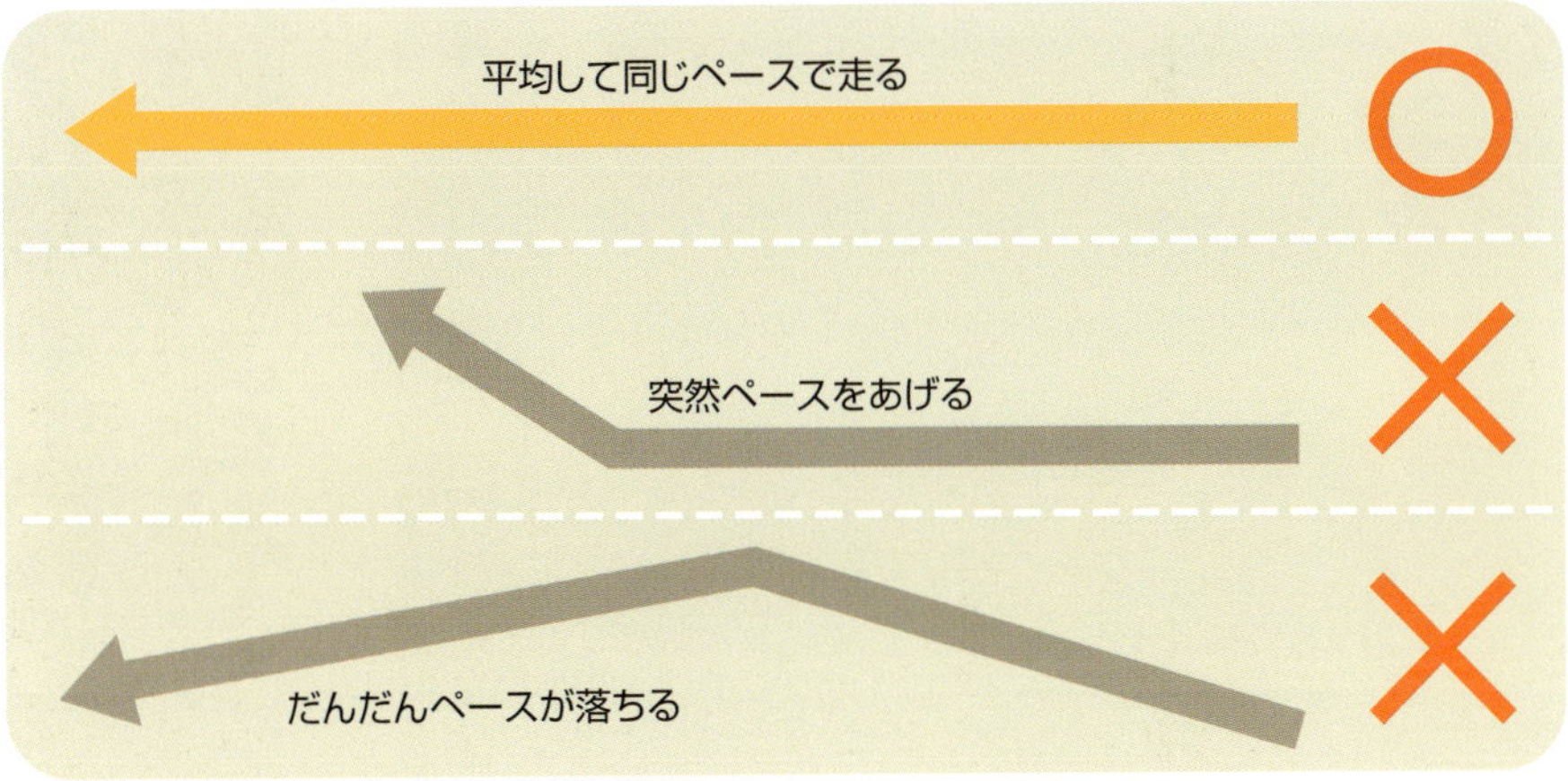

全部出し切ることだ。

最初は難しいことかもしれないが、結果として心肺機能の働きが促され、スピードを維持する能力が高まる。

慣れてきたら本数を増やしていこう

トラック以外で練習する人なら、数m単位の細かな距離にこだわる必要はない。大体800mで十分だ。

また、思い切り走る距離は、必ずしも800mでなくても構わない。家の近くにある公園を回ると500mというのであれば、それでも十分だ。同じように2周走って、1周ジョギング。それを3セット行う。500m〜1000mの間で周回コースを見つけて練習しよう。

慣れてきたら、思い切り走る本数を2本から3本、3本から4本という具合に増やし、目標の「800mを5本走る」に近づけていこう。

また、インターバルの時間と距離を自分で調整していこう。目安は心拍120／分だ。

スタミナ切れにならないよう、練習は継続させることが第一

スタミナ切れはペースダウンの原因

それまでいいペースで走っていたのに、レース途中で〝ガクン〟とペースダウンしてしまう……。何度か市民大会で走ったことがある人なら、こんな経験を一度はしたことがあるに違いない。

そんなときの自分をふと振り返ると、きっと睡眠不足で、食事もおろそかになっていたはずだ。

これは主に「スタミナ切れ」を起こしているのだ。

スタミナは練習によって意図的に作られる

マラソンのレース中に、突然ブレーキがかかったかのように足の動きが鈍くなるのは、オーバーペースになっていたり、

谷川
真理流

谷川真理のトレーニングメニュー

最近の練習メニューは、全部で10パターンぐらい。

それを自分の目標に合わせて行っている。

- 100mのインターバル・トレーニング
- 800mのインターバル・トレーニング
- 1000mのインターバル・トレーニング
- 5km、10km、20km、30kmの持久走

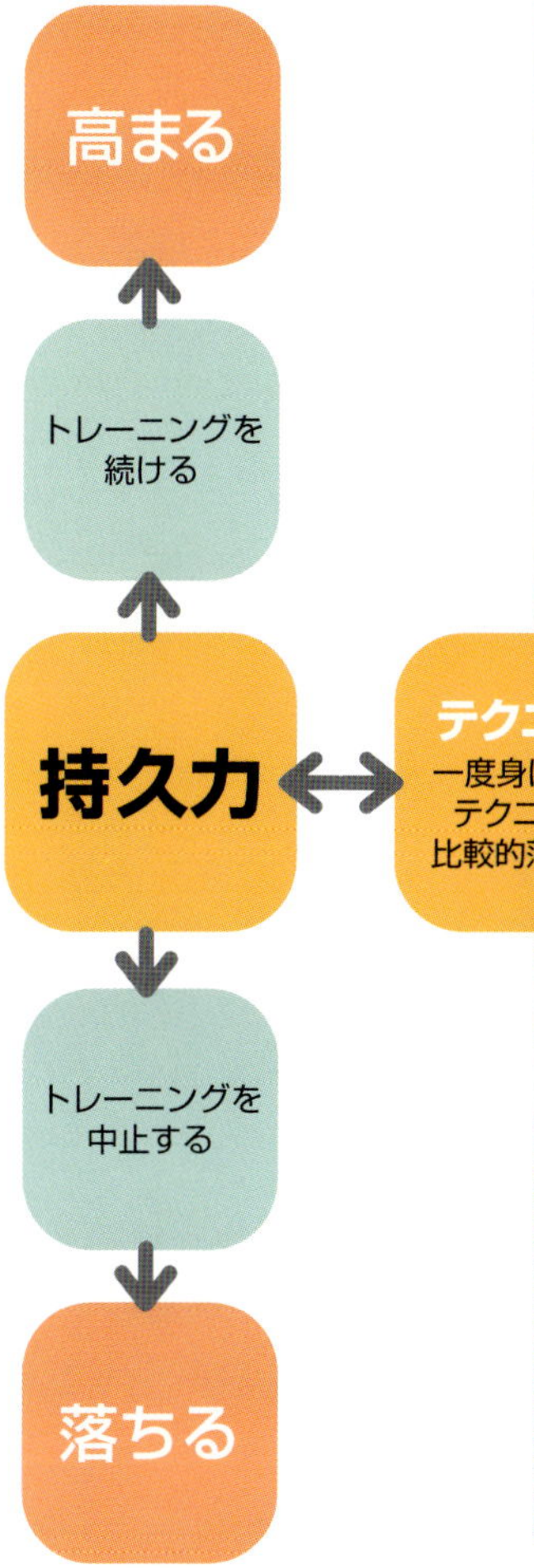
テクニック
一度身についたテクニックは比較的落ちない

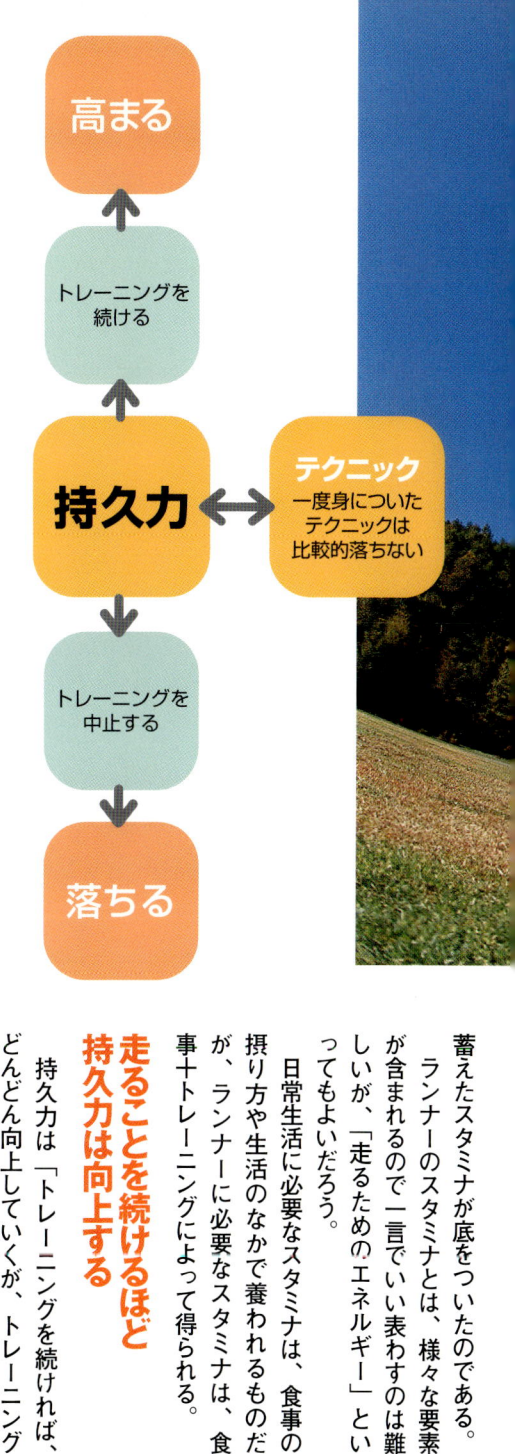

蓄えたスタミナが底をついたのである。

ランナーのスタミナとは、様々な要素が含まれるので一言でいい表わすのは難しいが、「走るためのエネルギー」といってもよいだろう。

日常生活に必要なスタミナは、食事の摂り方や生活のなかで養われるものだが、ランナーに必要なスタミナは、食事＋トレーニングによって得られる。

走ることを続けるほど持久力は向上する

持久力は「トレーニングを続ければ、どんどん向上していくが、トレーニング中止すると落ちてしまう」という特性を持っている。

つまり、持久力は走らなければ落ちてしまうものなのだ。

「一度身についたテクニックはなかなか落ちないけれども、体力が……」

という言葉を耳にすることがあるが、これは練習を続けていないと、持久力がどんどん落ちてしまうことを言っている。

2週間で150kmを目標に走り、完走するためのスタミナをつくる

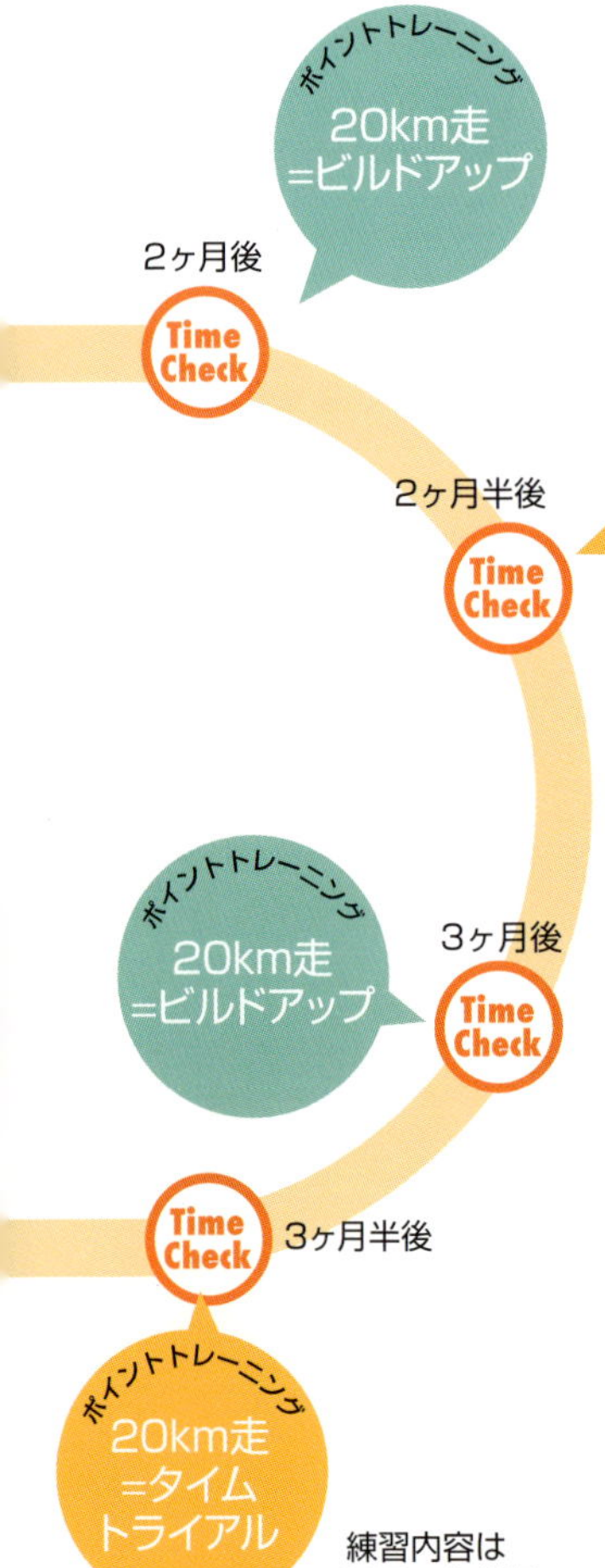

練習内容は
p115～を参照

走り込みを行い スタミナをアップしよう

もしも2週間に1度の「5km走（タイムトライアル）」で、24分を切ることができたなら、上級者向けのトレーニングを開始しよう。

決して無理をする必要はないが、まずは自分が練習できる日数をよく考えて、**2週間で150km走る（月間にすると300km）ことができるスケジュールを組み立ててみよう。**

このような練習は、俗に「走りこみ」とも呼ばれているが、ランナーに必要なスタミナを養う大切なトレーニングにもなる。

タイムは、あまり気にしないであくまでジョギングペースで走ってみよう。

初日は10km、2日目は20kmと距離にメリハリをつける

走る距離を意識することになるので、手帳に走った距離をメモしておいたり、ランニング日誌（詳細はp103を参照）などを使って記録をしておけば、自分の練習内容が管理できるし、意欲も高まる。

2週間で150kmを走る練習は、たと

谷川真理流
マラソン完走のための「4ヶ月間トレーニングプログラム」

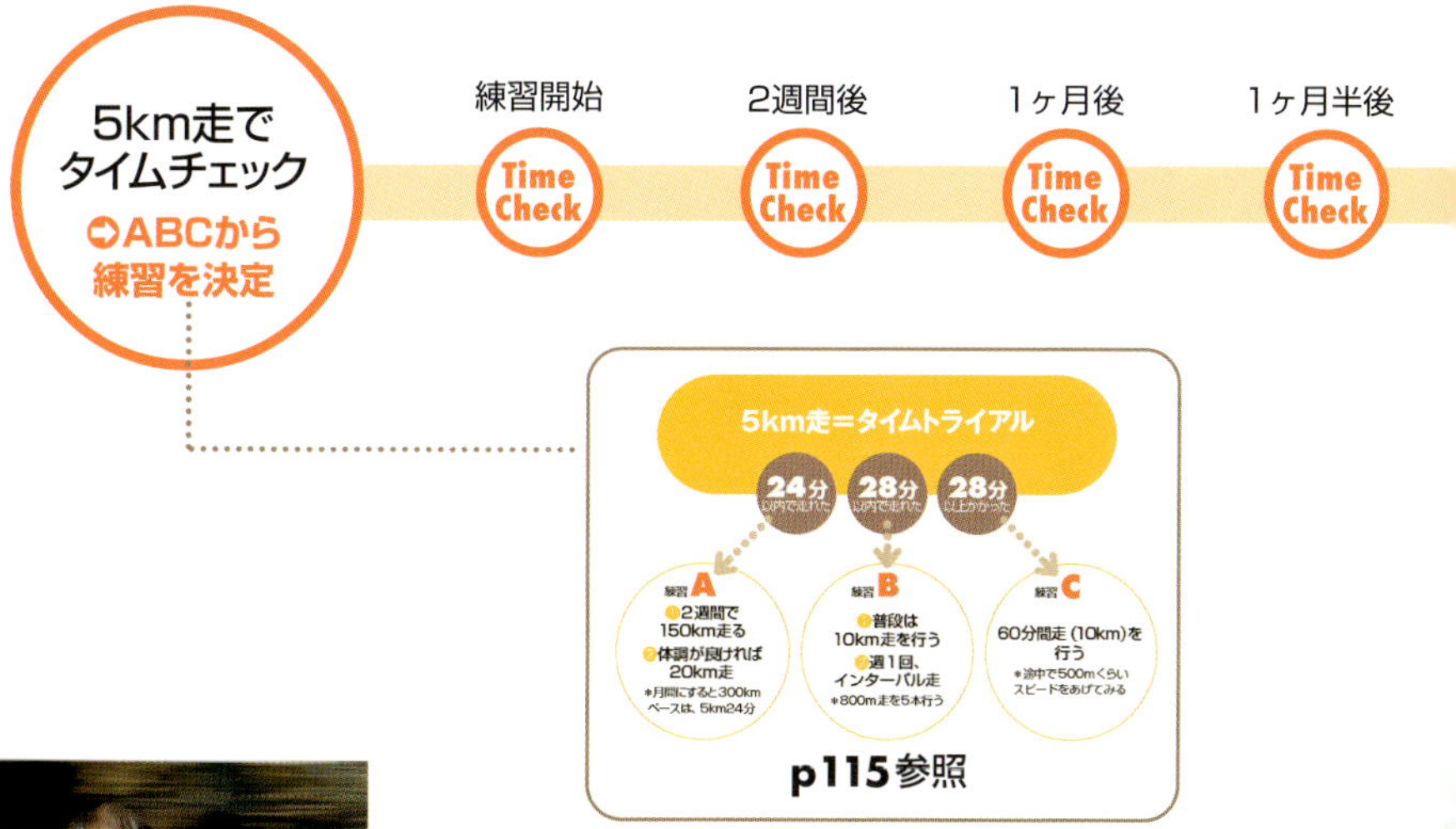
大会
4ヶ月で
フルマラソンを
4時間以内で
走る
大会
2週間前からは
調整練習

えば週５日走れる人なら、平均すると１回に走る距離が15㎞になる。

毎日走る距離は、１日に50㎞走るといった極端な練習はしないで、「初日は10㎞、２日目は20㎞、３日目は15㎞」という感じで、メリハリをつけることも必要だ。

週に１回、20㎞のタイムトライアルに挑戦

上級者のトレーニングとして、週１回20㎞走に挑戦してほしい。体調の良い日、あるいは週休２日の人であれば土曜日に、20㎞を「５㎞を24分のペースで走る（20㎞で96分）」ことを目標に練習してみよう。

このように距離を決めて、タイムに挑戦する練習をタイムトライアル・トレーニング（あるいはスピードトレーニング）といい、自分の体調はもちろん、現時点でのレベルが把握できる。この練習は、インターバル・トレーニングと同様に心肺機能を高めるだけでなく、速い動きの中でのペース感覚も磨くことができる。

ビギナーなら、できれば仲間と一緒。そして、平坦コースがおすすめ

大会に出ると決めた瞬間から生活が変わる

目標を持たずに走っていると、次第に走る気すら失われていくだろう。しかし「○月の○○○大会に出る」と決めた瞬間から、生活が変わってくる。

早く寝る、3食を必ず食べるなど、規則正しい生活やメリハリがついてくる。

大会で走る楽しみは、人それぞれに違うものになるだろう。練習を続けて来た結果、人と比較し「自分はどのくらい速くなったのか？」といった、自分の実力が一番良く分かるのが大会だ。

ハワイで毎年12月に行われる、「ホノルルマラソン」は、地元の人を含めて、ランニングを街ぐるみで楽しんでいる大会だ。

上位入賞を目指している人は別にして、参加者はどちらかと言えば順位に関係なく、「ゴール」することに感動する。

走っているとたくさんの見知らぬ人が、沿道から自分を応援してくれる。普段の生活で、見知らぬ人が自分を励ましてくれることなど、滅多にない。そういう点でも喜びがある。

フルマラソンを走る前に5km、10kmのレースを経験

完走を目標にするなら、フルマラソン（42・195km）をいきなり走るのではなく、5kmや10kmといった短い距離のロードレースを1回は体験して、大会の雰囲気をつかんでおきたい。

そして、はじめてフルマラソンを走るのであれば、一人ではなく仲間と一緒に走りたいものだ。

気持ちも落ち着くし、完走できる確率

完走率をアップするポイント
仲間と一緒に大会へ参加する
フルマラソンを走る前に、5kmや10kmのロードレースを体験する
規則正しい生活をする（早く寝る、3食必ずとる）
関東RC
7182
ISH

も高くなるだろう。実際、はじめてのレースは「ホノルルマラソンで仲間と走る」という人が結構多い。

谷川真理ハーフマラソン

特徴は女性の参加が多い大会という点。普通、国内大会の女性ランナーの参加は10%ぐらいといわれているが、谷川真理ハーフマラソンは30%を超えている。女性が多い故に華やかだ。

地雷廃絶を訴えるとともに、楽しいイベントが盛りだくさんで開催されるチャリティマラソンだ。

5787
1807

大会2週間前のトレーニングは、体調を整えることが最大の目的

レース当日に疲れが残らないようにしていく

4ヶ月で、フルマラソンを4時間以内で走るためのトレーニングをまとめると、p126の図に示したようになる。

繰り返すが2週間に1度、5kmのタイムトライアルを行い、そのタイムを基準にして練習メニューを組み立てる。

また、ここに紹介したトレーニング例の距離などは、あくまで目安にしてほしい。

体調が悪いのにも関わらず、10km走らなければ！　と無理なトレーニングをすると、故障を引き起こす原因にもなりかねないからだ。

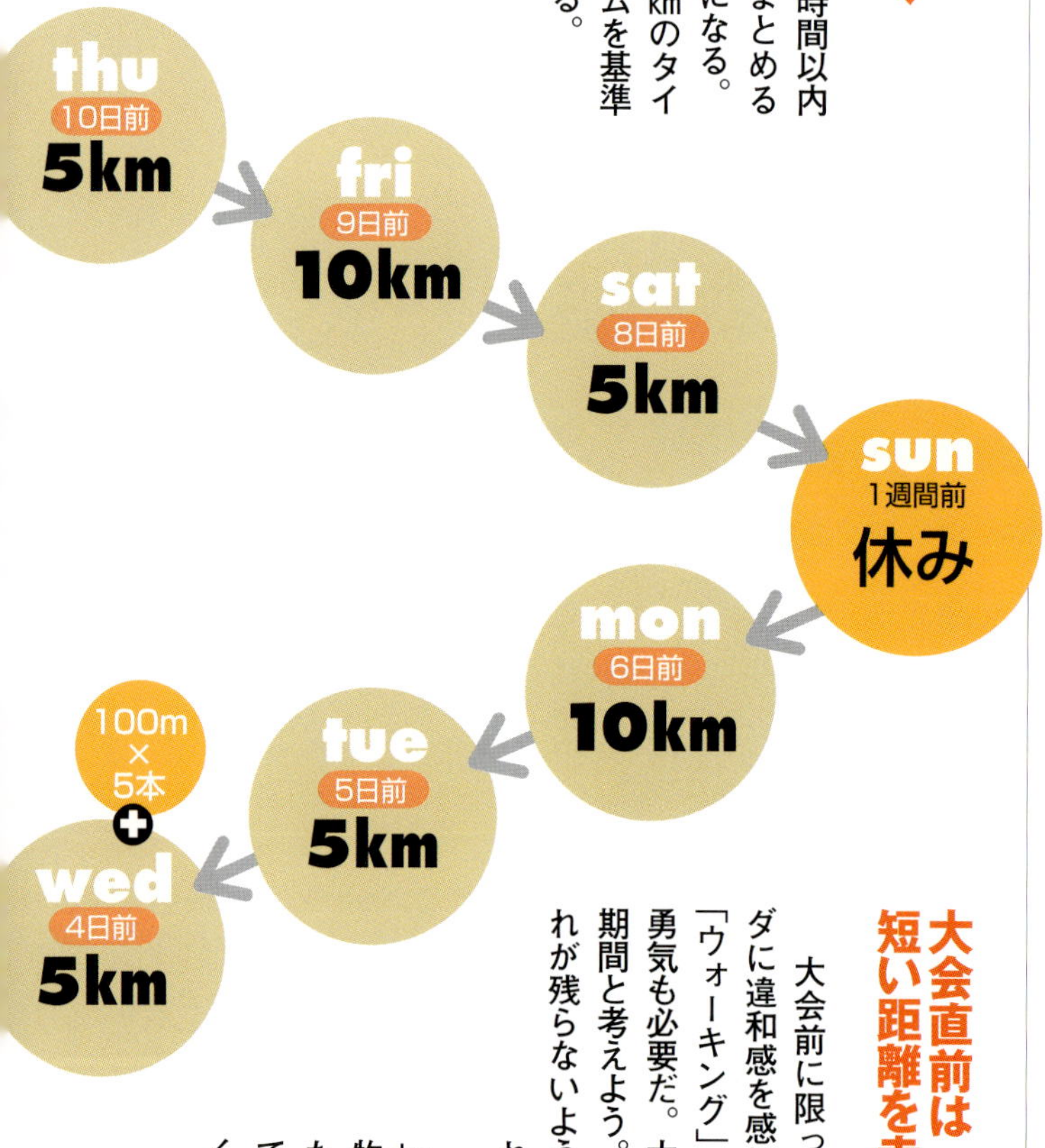

大会直前は短い距離を走って調整

大会前に限った話ではないが、カラダに違和感を感じたら、「10km走」から「ウォーキング」に、練習内容を変える勇気も必要だ。大会直前の2週間は調整期間と考えよう。レース前日までに、疲れが残らないような軽めの練習をとり入れて調整しよう。

したがって、20kmや30kmといった長い距離は禁物だ。5kmや10kmといった比較的短い距離を走って自分の体調を整えていくように心がけよう。

大会2週間前の調整トレーニング例

- mon 13日前 10km
- tue 12日前 5km
- wed 11日前 10km

レース時の落とし穴は、スタート時のペースにあり

大会前に体調を十分整えてきたものの、スタートの直後にペースを乱して完走できず！という話をよく聞く。初マラソンで、スタートの瞬間になると、当然緊張しているし、まわりの人がみんな速く思えてくる。周囲のランナーのペースに引きずられて、本来自分が予定していたのが1㎞5分40秒だったのに、なんと5分を切るハイペースで走り始めたなんて話も聞く。

練習で培ってきた自分の力を100％発揮するため、とくにスタート直後は慎重に、自分のペースを守るようにしよう。

- thu 3日前 5km
- fri 2日前 10km
- sat 前日 3km ＋100m×3本
- 大会当日

PART 5
42.195kmに挑戦

3時間以内で完走するには、スピード面の強化が重要

インターバル・トレーニングの量を増やし、スピードアップ

フルマラソンを3時間以内に走るとなると、ハードルも高くなる。左の表に走るペースと、完走タイムを数字で表したが、例えば42・195㎞を同じようなスピードで走り続けた場合、「1㎞＝4分15秒ペース」で走らなければならない。

そこで、スタミナをつけるとともに、スピード面の強化が重要になってくる。

レース前の2ヶ月間は、インターバル・トレーニングの量を増やし（800mインターバルを4～8本）、筋力トレーニングも欠かさずに行おう。

また、3～4日に1回、ポイント練習として、自分の体調と相談しながら「5㎞走、20㎞走、40㎞走」から選んで、タイムトライアルに近いペースで行っていくのもよいだろう。きつい練習になるが、乗り越えていかなければならない練習でもあるのだ。

マラソンを3時間以内で走る「＝サブスリー」は多くのランナーの目標になっている。ゴルフでいえばシングルだ

42.195km

- 5時間37分34秒
- 4時間55分22秒
- 4時間34分16秒
- 4時間27分14秒　4時間半で完走ペース
- 4時間13分10秒
- 3時間52分5秒　サブフォー
- 3時間30分59秒
- 3時間9分53秒
- 2時間48分47秒　憧れのサブスリー
- 2時間27分41秒　女子トップランナー
- 2時間6分35秒　男子トップランナー

1kmを走るペースと、完走タイム

	5km	10km	20km	30km	40km
1kmを**8**分ペースで走ると	40分	1時間20分	2時間40分	4時間	5時間20分
1kmを**7**分ペースで走ると	35分	1時間10分	2時間20分	3時間30分	4時間40分
1kmを**6**分**30**秒ペースで走ると	32分30秒	1時間5分	2時間10分	3時間15分	4時間20分
1kmを**6**分**20**秒ペースで走ると	31分40秒	1時間3分20秒	2時間6分40秒	3時間10分	4時間13分20秒
1kmを**6**分ペースで走ると	30分	1時間	2時間	3時間	4時間
1kmを**5**分**30**秒ペースで走ると	27分30秒	55分	1時間50分	2時間45分	3時間40分
1kmを**5**分ペースで走ると	25分	50分	1時間40分	2時間30分	3時間20分
1kmを**4**分**30**秒ペースで走ると	22分30秒	45分	1時間30分	2時間15分	3時間
1kmを**4**分ペースで走ると	20分	40分	1時間20分	2時間	2時間40分
1kmを**3**分**30**秒ペースで走ると	17分30秒	35分	1時間10分	1時間45分	2時間20分
1kmを**3**分ペースで走ると	15分	30分	1時間	1時間30分	2時間

※サブスリーを目指すには、フォームが非常に大切。
谷川真理も使用している「カンド君」のハイテクスポーツシステム（P159）の導入がおすすめ！

練習内容やコース、距離を工夫し
変化に富んだ
トレーニングを組んでいこう

インターバル・トレーニングはバリエーションが豊富

単調な練習ばかりに思えるランニングだが、PART5で紹介したインターバル・トレーニングなどは、走る距離、時間、本数、あるいは休息の長さを変えることで、変化に富んだトレーニングが組める。

また、走るコースや距離を日替わりにしてみたり、補強トレーニングやストレッチングを行うことで、練習プログラムにも変化をつけることができる。

本書に紹介した練習メニューは基本的なものであり、体調を考慮して、自分の環境や生活スタイルに合ったものにしてほしい。

Part 6

しっかり食べてしっかり走ろう

ランナーの常識

長時間、適度な負荷で動きつづけるランニング。
モリモリ食べても、走ることで気持ちの良い汗をかけば、
結果としてスリムなボディになる。
ランニングの正しい基礎知識を身に付けて
軽やかに「フィットネス・ラン」を楽しもう。

シューズの編み上げ部分に、垂れ下がったひもを入れ込む

これなら走行中、解けたひもを踏んで転倒したり、結び直す心配もない

シューズを選ぶときは必ず試し履きをする

足に合ったシューズで快速フットワークを実現

シューズを購入するときは、カタログを見て注文するのではなく、お店で必ず試し履きをしよう。なぜならメーカーや種類によって、足型や大きさが若干違ってくるからだ。試し履きをするのは夕方。シューズのカカトに指1本入るくらいが大きさの目安になる。

「屈曲性のあるシューズ」が谷川真理のこだわり

はじめの一足は、ランニングシューズの中のジョギング用がおすすめ。トップ選手が履くような薄くて軽いレース用は避けて、クッション性の高いものを選ぶ。

また、できることならシューズは2足用意してほしい。靴底の減りが遅くなるし、クッション性なども保てるからだ。

サイズはカカトに指1本入るくらいが目安

くつひもの結び方

1

シューズが足の甲にフィットするようにキュッと1回結ぶ

2

リボン結びをつくる。リボンの両端を握ってキュッとしめる

3

左右リボンの輪の部分をつかんでもう一度結ぶ

クッション性の高いシューズとは？

走り始めの頃は、まだ筋肉ができていないからヒザを痛めたり、カカトを痛めたりすることがしばしばある。そこで、シューズには着地や踏み蹴り時の衝撃を吸収するクッション性が重要になる。

しかし、マラソンを2時間30分くらいで走る人が、クッション性の高いシューズを履いていると、前に進もうとする力も靴が吸収してしまうので、レベルが上がったら薄い靴を履く。

クッション性と安定性を重視

走りこんできたら反発性に優れたシューズ

レースで使うシューズは？

レースで使用するシューズはだいたい練習で20㎞以上は走って慣らしておこう。買ってすぐレースで履くのはやめ、2週間前でも構わないので、自分に合ったレベルのシューズを選び、試走を終えておく。

靴擦れ対策のポイント

完全に靴擦れした！ というときではなく、走っていて靴擦れになりそうだなぁ……と思った時点で足に救急ばんそうこうを貼る。レース中でも「痛いな」と思ったら、シューズを脱いで赤くなって擦り切れたところに貼る。

靴下の糸くずが靴擦れの原因になるので裏返して洗濯するのも予防策になる。

靴擦れしそうなところに、あらかじめ救急ばんそうこうを貼っておく

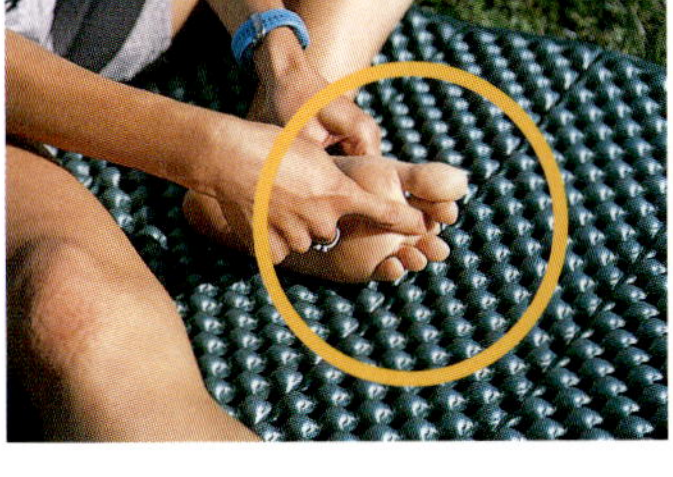
足裏の指の付け根に、ワセリンをぬっておくとマメができるのを防止できる

PART 6

ランナーの常識

季節に合った、風通しの良い明るい色のウエアを着る

走るためのウエア選び

春

すぐ脱げて、腰に巻いて走れる上着があると便利

肌寒い日には、Tシャツの上にウィンドブレーカーを着たりして調節しよう

厚着は禁物！なるべく汗をかかないウエアで走る

走るときは「ちょっと寒いかな」くらいの格好で走り始める。厚着はダメ。風通しの良いウエアを選ぶことが大切になる。

かなりトレーニングを積んできた人が、汗を出したいから厚着をして走ることがある。けれども、基本は必要以上の厚着をしない。走り始めたばかりでウエイトもあり、汗かきなのに厚着をして走るのもよくない。本当なら30分間走りたいのに、暑くて脱水状態になり15分しか走れないということもあるからだ。

走るときのウエアは、汗が出ても吸収してくれる乾燥しやすいドライフィットと

夏

半そでシャツに短パンの軽装でOK。炎天下に備えて帽子をかぶろう。また、日焼け止めクリームを塗るのもわすれずに

**黒いTシャツは暑い！
通気性の良い
ドライフィット素材を
選ぼう！**

言われるタイプがおすすめだ。

もし寒いようなら、走りはじめは一枚余計に着ていて、カラダが温まってきたら一枚脱いで腰に巻いて走る。

長い時間（距離）を走るためにも、快適なウエアを選ぼう。

日焼け対策

基本は日焼け止めクリームを塗ること。走り終わった後も美白ローションなどを使ったスキンケアをする。ビタミンCも補給しよう。

できれば、日差しの弱い朝や夕方の時間帯を選んで走る。また、ゆっくり走るときは、長袖を着て帽子をかぶり、ときには手袋も着用。とくに夏などの日差しが強いときは、目から紫外線が入ってきて疲れやすくなるので、必ずサングラスをかける。

白、黄色、オレンジなどウエアは鮮やかな色を選ぶ

黒や茶色、濃いブルーなどは避けて明るい色を選ぶ。会社勤めの男性は、普段「紺や茶色」といったどちらかといえば暗い色のスーツを着る機会が多いので、スポーツを楽しむときぐらいは、思い切って自分の好きな色を着てほしい。それだけで気持ちも若くなり、やる気も沸いてくる。

仕事後に走るとなると、あたりはもう暗い。そんなとき黄色、オレンジ、白のウエアを着れば事故防止にもなる。最近では車のライトに反射して光るテープなどがウエアについているものもある。さらに腕や足につける光を出すものもあるので活用すると良い。

また、雑誌などで紹介されている最新モデルを着るのは楽しいもの。サイズも自分のカラダにあったものを選ぼう。

雨の日対策

撥水加工のウエアを着れば、多少の雨なら走ることができる。また、帽子を目深にかぶれば雨よけ効果がある。霧雨程度なら、快晴の日よりもかえって涼しく、走りやすい場合もある。

風をよけ、体温を逃がさない目の細かい生地のアウターを着て走ろう

秋

薄手の上着が１枚あると便利。走る時間帯や天候を考慮して、厚着になり過ぎないように注意しよう

寒いからといって綿入れジャンパーはダメ！汗だくになると必要以上に体力を消耗する

冬

手袋をすることで保温効果アップ。冬でも軽装を心がけよう

たんぱく質、脂質、糖質（炭水化物）は練習以上に必要な栄養素

五大栄養素 各食品群から過不足なく、1日30品目食べる

走るためのエネルギーは「食事」から

カラダをつくり、そして走るためのエネルギーは食べることから得られる。「食事」は、ランナーのケガを少なくして、パフォーマンスを上げるのに大切なこと。

「食べる＝栄養！」、そのなかでも、「三大栄養素」と呼ばれるたんぱく質、脂質、糖質（炭水化物）は大量に摂る。これに少量摂るものとしてビタミンとミネラルがあり、それを加えて「五大栄養素」という。

たんぱく質をしっかり摂る

たんぱく質は筋肉や臓器、皮膚、髪の毛、爪などを作る。脂質は細胞膜やホルモン、血液などの構成成分で、エネルギーとしても使われる。また、糖質は炭水

たんぱく質

筋肉を作る

たんぱく質はアミノ酸が結合したもので人の構成成分として必要不可欠なもの。筋肉、臓器、皮膚、髪の毛、爪などを作る。短期間の不足でも、ランナーにとっては重大。

↓

卵、牛乳、チーズ、
魚、肉、大豆、
豆腐など

脂質

細胞膜、血液、
ホルモン、
エネルギーになる

脂質の主な成分は脂肪酸でその含有量によって栄養価が異なる。脂質というと「太るもと」のようにとらえられているが、細胞膜やホルモン、血液などの成分として絶対必要な栄養素であり、効率の良いエネルギー源だ。

↓

食用油、バター、ラードや
食物に含まれている
肉類、ナッツ、
うなぎなどの魚類など

化物ともいわれ、エネルギー源として大きな役割を果たす。

ビタミン、ミネラルは三大栄養素の潤滑油

ビタミンとミネラルは、カラダに取り込まれた三大栄養素がきちんと目的を達成できるように潤滑油として必要。特に、ビタミンは不足するといろいろな障害を起こす。一方、ミネラル（カルシウム、マグネシウム、鉄）は、骨や歯の成分としてカラダの組織を作る。

ミネラル

カラダの
組織を作る

ビタミンと同じような役割を果たす。特に骨や歯、皮膚、爪などを作る。不足すると骨粗しょう症を引き起こす。女性は貧血の原因になる鉄分をしっかり摂ろう。

↓

魚、牛乳、ヨーグルト、
肉、レバー、ひじき、
ほうれん草、納豆、のり、
ごまなど

ビタミン

カラダの
機能を作る

量からいえば三大栄養素より少なくわずかでよいが、欠乏すると深刻な障害を起こす場合がある。ビタミンB、C、Dは欠かさず摂ろう。

↓

緑黄色野菜、モロヘイヤ、
カボチャ、レバー、
うなぎ、果物、牛乳など

糖質

エネルギー源に
なる

消化されるとブドウ糖に変化。脳や神経系、赤血球、筋肉などのエネルギーになる。ただし、余分に摂ると生活習慣病の原因にもなり、体重増加につながる。

↓

ごはん、そば、
スパゲッティ、はちみつ、
砂糖、水あめ、
果糖など

PART 6
ランナーの常識

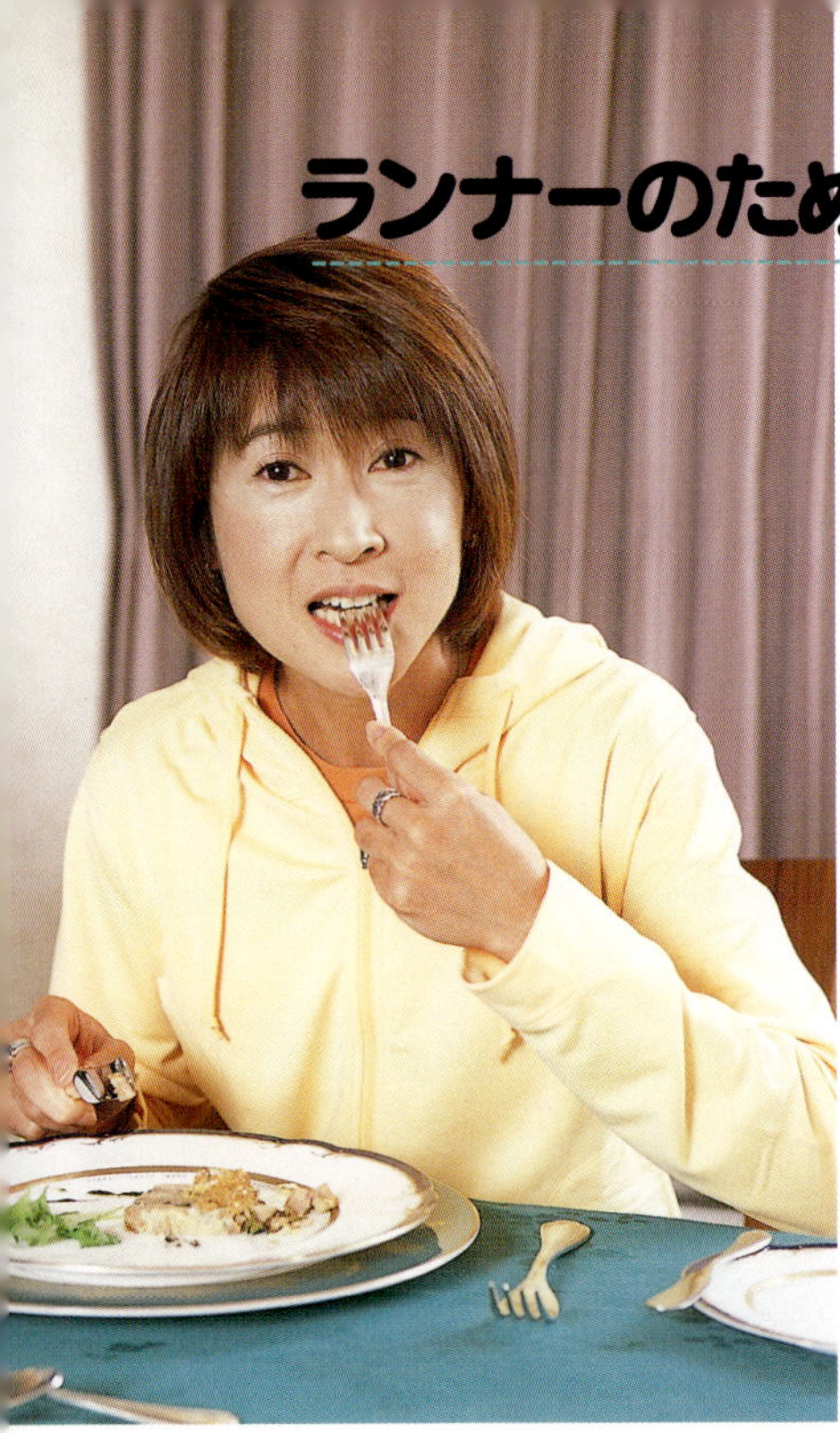

毎日の食事内容を簡単に書きとめておこう

日常の食事

基本は一日三食！

ランナーはたんぱく質をしっかり摂る。また、普段の食事をベースに、三食の内容と練習量によって、食べるタイミングや量を調整する。

まず、朝・昼・晩とも好き嫌いせず何でも食べる。その上で、足りない栄養素を補給する。

実際にランニングをはじめると普通の内容の三食では足りなくなる。何が足りないかを認識するために、毎日の食事をメモしておこう。トレーニングと食事の内容を簡単に書き留めておくだけでも個人データになる。

スポーツ選手の理想メニューも五大栄養素が基本。走るガソリンとなる糖質や脂質、筋肉をつくるたんぱく質、脂質、体の調子を整えるミネラル、ビタミンなどをまんべんなく摂る。

また、走る人には動物性たんぱく質が欠かせない。ダイエットランナーには低カロリーな鶏肉がおすすめであり、栄養素的には豚肉がベスト。

夕食は就寝2時間前には食べ終え、どんな栄養素を摂っているのかを意識してみよう。そして、ゆっくり噛めば食べ過ぎ防止になる。

マラソン前の食事

消化吸収の早い食品を摂取してエネルギー源にしよう

一般的には、レースの3～4時間前までに、ご飯や麺類など糖質中心の食事を摂る。肉や揚げ物など、たんぱく質や脂肪の多い食品は消化に時間がかかるので、控えたほうが無難。食べなれていないものも禁物。

食事終了後も、吸収の早いエネルギー源（エネルギーゼリーやバナナなど）を、こまめに少量ずつ摂り続けるようにする。

ハードな練習で大量のカルシウムが必要とされるランナーは、一般の人よりも多くのカルシウムが必要。普段から小魚類、牛乳、チーズなどを積極的に食べて、カルシウムを摂取しよう。

レース中、給水ポイントでは喉が渇いていなくても、水分補給を心がけよう。また、レース終了後は失われた水分、糖質、ビタミン、ミネラルを補給して疲労回復に努める。

マラソン当日が外食になるならこんなメニューにしよう

○
- 親子丼
- おにぎり
- 力うどん
- サケ弁当
- アンパン

×
- カツ丼
- ハンバーガー
- 天ぷらうどん
- フライ弁当
- デニッシュパン

毎日の健康を自分でチェック

食品	1群：炭水化物 ごはん、パン、めん類	2群：たんぱく質 肉、魚、卵	3群：ビタミン、ミネラル 野菜、果物	4群：カルシウム 牛乳	5群：脂肪 油、菓子
パン	●				
卵		●			
牛乳				●	
果物			●		

バランスの良い食事は○ 印の数が多くて、バラけている

上のような表を作ってみよう。1群から5群までの食品群を参考にして、その日に食べたものに○印をつける。例えば朝、パンと卵、牛乳、フルーツを食べたら、1、2、3、4群に○印がつく。○印の数が多くなおかつバラけているほど、バランスのとれた食事をしていることになる。カロリー表などで計算してチェックするのは何かとめんどうだが、これなら外食に偏りがちな人でも簡単にチェックできる。

ランナーの常識・非常識Q&A

脂肪も効率の良いエネルギー源、肉も魚もバランス良く食べよう

Q1
肉より魚の方がカラダに良い？

肉も魚もバランス良く食べよう。よく魚がいいと言われるのは、不飽和脂肪酸が多く含まれていてコレステロールを下げる働きがあるからだ。また、肉にも良質なたんぱく質と鉄分が多く含まれている。牛肉のレバーに含まれている「ヘム鉄」は吸収に優れているので、貧血気味の人は多く摂るようにしよう。

Q2
一日三食、規則正しく食べられないときにはどうすればいいい？

忙しくて二食になりがちな人は間食で補おう。スポーツサプリメントなどはコンパクトに持ち運びできるので便利。一回食事が欠けると、かなり空腹になるがピークを過ぎるとおさまる。ところが食べ始めると、食欲が復活、過食気味に。早食いは肥満の原因。ゆっくりとよく噛んで満腹中枢を刺激すると良い。

Q3
オイリー好みなランナーじゃいけませんか？

食べ方を間違えなければ大丈夫。常識的に考えて、三食全部油ものとか、毎日必ず揚げ物を食べるというのは摂り過ぎ。外食の多い方は要注意、美味しいものにほど油は使われる。

ランニングする上で、脂肪も大切なエネルギー源。しかし、レース当日の油っこい食事はダメ、摂るならレース二日前まで。

Q4
走る前にバナナを食べるとパワーアップするって本当?

バナナは消化が良く、短時間でエネルギー源になるのでレース直前のエネルギー補給におすすめ。バナナには、ミネラルの一種であるカリウムとマグネシウムが多く含まれる。このカリウムとマグネシウムは筋肉の痙攣《けいれん》を防ぐので、トレーニング中の間食としてサプリメント感覚で食べるのも良い。安価でありながら、果糖と水分を同時に摂取できてお腹にもたまるバナナは優秀な食品だ。

Q5
ドカ食いケーキはレース前のエネルギー補給になるの?

体質によって異なるが、一般的にエネルギー補給としてはふさわしくない。ケーキに含まれる砂糖が血糖値を急激に上げてインシュリンを分泌、その後血糖値が下がり低血糖を起こす場合がある。また、糖分と脂肪分を同時に摂取することで体脂肪になりやすい。やはり、レース前の糖質はおにぎりやバナナなどゆっくり吸収されて血糖値に響かないものがおすすめ。

Q6
ランナーは禁酒したほうがいいの?

トレーニングやレースの前のアルコールは、非常に危険。血圧上昇をひきおこし、心臓に負担をかける。さらにアルコールの利尿作用により体内から水分が失われて、脱水症の原因になる。また、貧血やビタミンB群の欠乏をまねき、肝臓にも負担をかける。しかし、酒好きが我慢するのもストレスになるので、大切なレースの前には水割りやソーダ割りにすると良い。

水の上手な摂り方

PART 6

ランナーの常識

1・5リットルのミネラルウォーターを一日数回に分けて飲むことからはじめよう

カラダの潤滑剤を担う水分

人体の約60～65％を占める水分は、体温の調整や、栄養分の運搬、カラダにとっての不純物や老廃物を排出する働きがある。**成人が一日に摂取する水分量は食品に含まれる水分もあわせて約2・5～3リットル、そして2・5リットルに近い水分量を体外に排出するといわれる。**

水分損失量の多いランナーは、必要以上に水分を損失すると運動能力を発揮できなくなる。ランニング中の発汗で多量の水分を損失すると、脱水症状をおこし運動能力が低下してしまうからだ。最悪の場合は「熱中症」に陥る。

かつて日本のスポーツシーンでご法度だった運動中の水分補給だが、今では運動直前に水分補給するハイドレイションが定着。さらに、それを進化させたコンディショニング方法、ウォーターローディングが一般に知られるようになった。

24時間、常に失われ続ける水分

カラダの水分は、無制限にためておくことができない。水分量の上限は、体重の60～66％、それ以上の水分は尿として排出されてしまう。

体内の水分は、腎臓で絶えずつくられる尿や皮膚からの蒸発、呼吸などで24時間休みなく失われ続ける。

必要な水分を満タン状態に保っていくには、一日中、意識的に水を飲み続ける必要がある。

一度に大量の水分補給をしても大量の尿が出るだけなので、何回にも分け、こまめに飲もう。

目安としては排尿回数が増え、色が薄くなっているようなら、カラダの水分補給は十分。気温により異なるが、初心者は1・5リットルのミネラルウォーターを一日数回に分けて飲むことからはじめよう。

谷川
真理流

レース中の水分摂取方法

1. レース中の水分補給は「喉が渇く前」が基本。「乾いた」と思ってからでは遅い。
2. 個人差があるが、高温多湿の時には普段より水を飲む方が良い。
3. 大会では何キロかごとに給水地点があるので、「喉が渇いた」と感じなくても水分補給を心がけよう。
4. 水分も摂り過ぎは禁物。一時間に500cc以上の水分を摂ると水中毒になる場合もあるので、こまめに水を飲む習慣をつけよう。

サプリメントの上手な活用方法

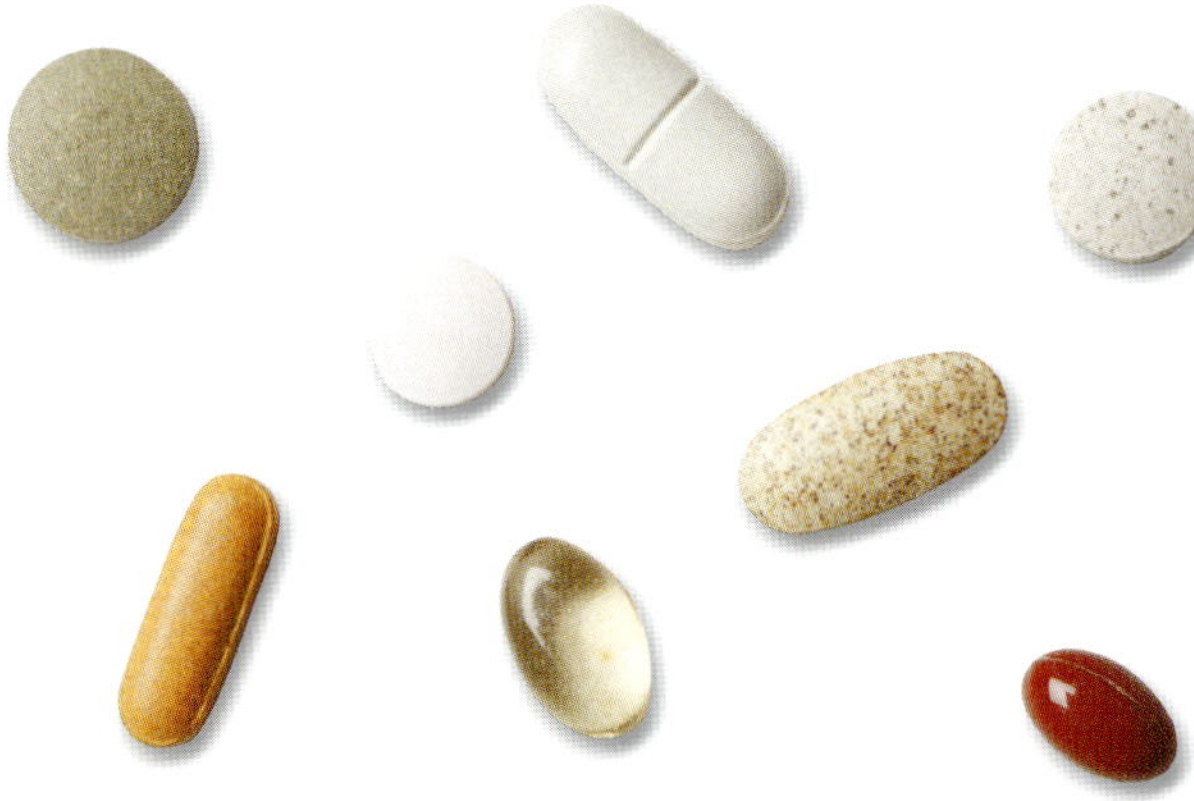

スポーツサプリメントは、たんぱく質、炭水化物、ビタミン、ミネラルに分類される

サプリメントの役割と目的

サプリメントは「栄養補助食品」を意味する言葉。ビタミンのタブレットから健康食品全般にいたるまで、広くサプリメントと呼ばれている。

形状はパウダー、タブレット、ドリンク、ゼリーなど様々。サプリメントには栄養素が凝縮されているので、食品から摂取するよりも、効率よく栄養補給できる。

しかし、サプリメントを利用しているからといって、食生活に配慮する必要がなくなるわけではない。サプリメントの特性を知って、食事による栄養補給と併用しよう。

とくに、スポーツサプリメントとして重要な栄養素は、たんぱく質、炭水化物、ビタミン、ミネラルに分類される。

大会当日の活用法

通常、レースの3～4時間前までに炭水化物中心の食事を摂るが、大会前にもエネルギーは使われているので、サプリメントで補給しよう。

また、緊張からくる食欲不振も、ゼリーなら喉ごしが良く、お腹に負担がかからない。レース後は筋肉疲労の回復をはやめるアミノバイタルなどを摂ると良い。

たんぱく質のサプリメント

アミノバイタルで運動能力アップ

アミノ酸はカラダをつかさどる筋肉や消化器官をはじめ、肝臓、腎臓などの臓器も作っている。また、肌を作る「コラーゲン」や、爪、髪をつくっている「ケラチン」、ホルモンや血中ヘモグロビン、免疫抗体や酵素もアミノ酸からできている。生きていく上で、必須の栄養素、アミノ酸をサプリメントから積極的に摂ろう。

ビタミン、ミネラルのサプリメント

栄養素の相性に注意！こまめに摂取するのがポイント

ビタミン、ミネラルを補給するサプリメントは、タブレット、ゼリータイプが一般的になる。

その中でも一種類のビタミンやミネラルを摂るタイプのものや、いくつかのビタミン、ミネラルを配合したマルチタイプのタブレットがある。

どちらを使用するかは、普段の食生活や運動習慣に合わせて使い分ける。

炭水化物、水分補給のサプリメント

運動の前後や運動中に積極的に利用しよう

炭水化物のサプリメントは、運動の前後や運動中のエネルギーを補給する。種類は、エネルギーゼリーをはじめ、ドリンク、タブレットなどがある。サプリメントは吸収がはやく、エネルギーとして素早く利用できる。

また、運動中に最も大切なことは水分補給。補給のポイントは「喉が渇く前に飲む」こと。水分がはやく吸収できるように、体内の水分と同じ濃さのアイソトニック飲料がおすすめ。

ゆっくりペースのジョギングを続けることでスリムになる

ダイエットの知識

カラダの中に蓄積された体脂肪が消費されていく

「摂取エネルギー」より「消費エネルギー」を増やせばダイエットに結びつく

1 バランスの良い適量な食事 − 適度な運動 ····→ 太らない

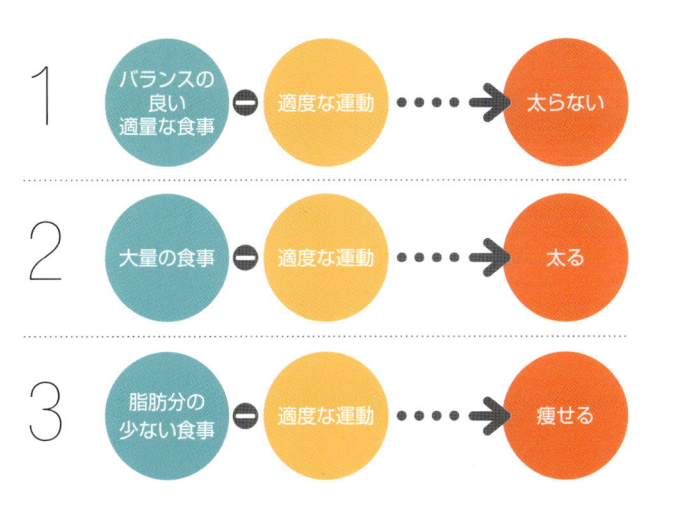

2 大量の食事 − 適度な運動 ····→ 太る

3 脂肪分の少ない食事 − 適度な運動 ····→ 痩せる

基本摂取エネルギーと消費エネルギーのバランス

ダイエットの基本は「摂取エネルギー」よりも「消費エネルギー」を増やすこと。スポーツなどで消費エネルギーを増やした結果、カラダの中に蓄積されている体脂肪が消費されていく。

健康を目的に走ることを「フィットネス・ランニング」と呼んでいるが、走り方は本書に紹介したジョギングがベース。大切なことは、「速さ」より「走った時間」だ。

運動しているのに痩せないのはなぜ？

サッカーやバレーボールといった運動をしているのに痩せない人がいる。一方、ランニングを始めたら食べる量が1・5倍に増えたのにウエストが細くなったという人もいる。

ポイントは、摂取と消費のバランスだ。痩せることを目的にした場合、摂取エネルギーを抑えるか、運動量を増やせばダイエットに結びつく。

ランニングでスリムなカラダを目指そう

ランニングを楽しみながらスリムなボディをつくろう。「スリムなカラダ＝体重が少ない」という認識は改めた方がいい。体重計の目盛りに一喜一憂するだけでなく、筋肉や脂肪が適度についた、引き締まったカラダを目指そう。

自分の腹部をつまんで、つまめた肉（脂肪）の厚さがだんだんと少なくなるように、体脂肪を燃焼させる努力をし、走ることでボディメンテナンスだ。

食事ばかり気にしないで、ランニングで体脂肪を減らす

ダイエットの知識

ちゃんと走って、しっかり食べる

標準体重を超えていても、鍛え上げた筋肉を身にまとっているなら、肥満とはいえない

標準体重で一喜一憂しない。肥満の意味を知っておこう

「速く走りたい！　タイムを1分1秒でも縮めたい」。そのためには1㎏でも軽くなる方が有利。60㎏のカラダを自分の足で42・195㎞移動させるのと、50㎏のカラダを移動させるのでは、後者の方が断然有利だ。

しかし、体重計の目盛りが標準体重以内におさまっていても、筋肉が少ない人、骨粗しょう症など骨密度が低い人なら、肥満の可能性がある。

また、標準体重を超えていても、鍛え上げられた筋肉を身にまとっているなら、肥満とはいえない。

目的は体重減ではなく体脂肪を減らすこと

ポイントは「体脂肪」、一般には男性が25％、女性が30％を超えると脂肪が過剰に蓄積された状態とされる。

適度な運動で、新陳代謝を活発にして筋肉減少を防ぎ、体脂肪を減らそう。個人差はあるが、食事制限によるダイエットは、体重が減ると、筋肉なども減ってしまい、体脂肪率が思うように減らないことがある。食べたい気持ちを我慢するのではなくカラダを動かす。「走って、しっかり食べる」。これがランニングを継続させるコツだ。

意識して体を動かす努力をしよう。適度な運動が新陳代謝を活発にする。

ダイエットの知識

脂肪を燃焼させるために最低20~30分間は走り続ける

低負荷で長時間運動を継続すると効率よく脂肪が燃焼できる

脂肪を燃焼させる有酸素運動

「運動すれば痩せる!」とはいってもポイントがある。キーワードは、ランニングやエアロビクスに代表される「有酸素運動」であること。そして、20~30分以上の運動時間であること。

無酸素運動と呼ばれる100m走などのスプリント競技は、短時間で爆発的なエネルギーが必要。エネルギー源は体内に蓄積されている「グリコーゲン」に代表される糖質（炭水化物）になる。

一方、有酸素運動ではグリコーゲンだけでは足りず、エネルギー源が「脂肪」になる。走り始めは無酸素運動と同様にグリコーゲンをエネルギー源にしているが、時間が経つにつれ、吸い込んだ酸素と体内に蓄積された脂肪が燃焼し、エネルギーとして利用される。

無理のないスピードで走る

効率良く脂肪を燃焼させるには、運動の内容もフルパワーのものではなく、低負荷のものが理想的。高負荷で長時間運動するのが一番痩せるが、高負荷では長時間継続できないので、低負荷にする。

息が切れるほどのハイペースで15分間走り、距離はジョギングの20分間に匹敵するほどになったとする。しかし、これはダイエットという観点で考えると効果的ではない。

個人差もあるが、一緒に走っている人と会話ができるくらいのスピードで走ってみよう。無理のないペースで、最低20～30分間走りつづけると脂肪燃焼効果が高い。

高負荷 ＋ 短時間 ＝ 脂肪燃焼効果が**低い**

低負荷 ＋ 長時間 ＝ 脂肪燃焼効果が**高い**

あとがき

思い立ったら、すぐ走り始めよう！

フルマラソンの42.195㎞という距離は、
走りはじめたばかりの人には途方もない長さに思えるかもしれません。
しかし、それなりのトレーニングを積めば、誰にでも完走することができます。
走ることを辛く苦しいことだと誤解していませんか？
子供の頃、運動会や校内マラソン大会で「がんばる」ことを求められて
走った思い出や、何か失敗や悪いことをしたときに、
「グランド一周」なんて罰を下された残像から離れられない人も多いでしょう。
しかし、自分の好きなように走り、
挑戦しようとする気持ちを大事にしたランニングには、喜びと爽快感があります。
ゴールまで走り切ることで、あなたの何かが変わります。
フルマラソンには、魅力がいっぱい。
私はこれからも、とにかく長く、走り続けていきたいと思っています。
どこかの市民マラソン大会でみなさんとお会いできる日を楽しみにしています。

谷川真理

谷川真理 たにがわ・まり
1962年福岡県生まれ。OL時代に友人と花見に行き、皇居を走る市民ランナーを見てランニングを開始。24歳からマラソンを始める。4年後の91年、東京国際女子マラソンに優勝し、トップランナーの仲間入りを果たす。以降、92年ゴールドコーストマラソン、94年パリ国際マラソンで優勝。92年に都民文化栄誉賞、朝日スポーツ賞等を受賞。現在はランナーとしてだけでなく、タレント、スポーツキャスターとしても活躍中。

中島 進 なかじま・すすむ
1949年11月20日生まれ。谷川真理専属コーチ／株式会社アチーブメント代表取締役。日本陸連21世紀委員会委員。30歳で禁煙、ランニングをはじめる。皇居周辺で谷川と知り合い、2人3脚で谷川をトップ選手に育てた。選手としての経験はないが、独自にコーチ学を研究する理論派。

http://www.tanigawamari.co.jp/

よりはやく、よりきれいに走るために！

「カンド君」でトレーニング中の谷川真理さん。ヒザに負担なく、骨盤の動きを活発にさせ、パフォーマンスが向上します。

ハイテク・スポーツ塾

東京都千代田区
神田神保町1-60
橋口ビル1F
TEL：03-5283-3391

あなたは、42・195㎞を何歩で走りますか？ 例えば1歩＝1mとして42195歩にもなります。効率の良い1歩と悪い1歩ではかなり差が出ます。速く走るということは、着地した脚に素早く体重を乗せる（体重移動）ことです。

マラソンは脚より脳を使って速く走るスポーツ。余計なエネルギーを使わず、効率の良い走りを実践すれば、記録が伸びます。私たちは東京大学の小林寛道教授の理論を推奨しています。これを実践しているのがハイテクスポーツ塾です。

経験豊かな若く明るいスタッフがみなさんのトレーニングを完全サポート。小学生から70歳まで、まったくの初心者からオリンピックを狙う選手まで、幅広いアスリートが通っています。

ジムには、ヒザに負担をかけず、骨盤の動きを活発にさせるランニングスタイルのマシン「カンド君」、骨盤と肩甲骨の動きを連動させるバイクスタイルのマシン「マリノ」、「低酸素トレーニングルーム」などを設置、80％の人が自己新記録を達成しています。

STAFF

●監修
谷川真理・中島 進

●企画・制作
山本道生・原麻子（ナイスク）

●撮影
圓岡紀夫

●イラスト
高橋道彦

●デザイン
古屋真樹・室田敏江（志岐デザイン事務所）

●取材協力
株式会社アチーブメント
株式会社ナイキジャパン
泉郷プラザホテル安曇野

マラソン完走BOOK

監　修　谷《たに》川《がわ》　真《ま》理《り》
　　　　中《なか》島《じま》　進《すすむ》

発行者　深見　悦司

印刷所　大日本印刷株式会社

発 行 所

成美堂出版

ISBN4-415-02437-8

落丁·乱丁などの不良本はお取り替えします
●定価はカバーに表示してあります